湖北省社科基金一般项目（后期资助项目：2020066）

乡村创业助推乡村振兴：
基于农业科技转化与扩散视角

张承龙　著

中国财经出版传媒集团

经济科学出版社
Economic Science Press

图书在版编目（CIP）数据

乡村创业助推乡村振兴：基于农业科技转化与扩散
视角／张承龙著 . —北京：经济科学出版社，2021. 9
ISBN 978 - 7 - 5218 - 2769 - 9

Ⅰ. ①乡…　Ⅱ. ①张…　Ⅲ. ①农业经营 - 创业 -
研究 - 中国 ②农村 - 社会主义建设 - 研究 - 中国
Ⅳ. ①F324 ②F320. 3

中国版本图书馆 CIP 数据核字（2021）第 164455 号

责任编辑：刘殿和
责任校对：刘　昕
责任印制：范　艳

乡村创业助推乡村振兴：基于农业科技转化与扩散视角

张承龙　著

经济科学出版社出版、发行　新华书店经销

社址：北京市海淀区阜成路甲 28 号　邮编：100142

教材分社电话：010 - 88191309　发行部电话：010 - 88191522

网址：www. esp. com. cn

电子邮箱：bailiujie518@ 126. com

天猫网店：经济科学出版社旗舰店

网址：http://jjkxcbs. tmall. com

北京密兴印刷有限公司印装

710×1000　16 开　12. 25 印张　220000 字

2021 年 9 月第 1 版　2021 年 9 月第 1 次印刷

ISBN 978 - 7 - 5218 - 2769 - 9　定价：49. 00 元

（图书出现印装问题，本社负责调换。电话：010 - 88191510）

（版权所有　侵权必究　打击盗版　举报热线：010 - 88191661

QQ：2242791300　营销中心电话：010 - 88191537

电子邮箱：dbts@ esp. com. cn）

前　言

进入 21 世纪以来，随着我国社会主义市场经济不断转型升级，沿海发达地区劳动密集型产业逐步开始向中西部地区转移，中西部发展条件和环境的改善以及新农村的建设，返乡农民等群体创业热潮正在兴起，成为一些不发达地区县域经济社会发展的重要力量。然而，束缚中西部地区特别是农村地区发展速度的不仅有交通、教育以及经济基础等方面的因素，还有诸如专业技术、专利转化以及市场化制度因素等技术及制度方面的限制。

1964 年，西奥多·舒尔茨（Theodore W. Schultz）在《改造传统农业》一书中认为，改造传统农业社会的关键在于源源不断地向落后国家的农民提供合适的、较好的、能使他们增产增收的新技术。这一洞见给农业经济学的研究和农业政策带来了革命性影响。显然，这对于我国当前落后地区的农村扶贫工作也有很多启示，欠发达地区的精准扶贫工作关键在于对这些落后地区输入先进的农业生产技术而不是仅仅在经济上给予农民多少补贴或者转移支付；也不仅仅是通过产业或企业来开展经济上的扶持，更重要的是通过这些载体来提升农业的技术，让农民掌握先进技术，最终通过与农业技术相关的乡村创业活动来改变当地落后的农业生产现状并推动当地经济的发展。

我国中西部特别是农村地区经济的繁荣归根结底还需要激活该地区的内生性资源和动力，需要当地政府和民间力量协同发力来深化区域产业结构升级改造。在党中央"乡村振兴"战略的正确指引下，突破当地经济和制度体制的束缚，通过学习我国沿海经济发达地区的先进做法，诸如浙江创业模式下的"四千四万"精神（踏遍千山万水、吃尽千辛万苦、说尽千言万语、历经千难万险），推动农村地区的市场化进程，凭借农业科技型企业的创新能力和创业示范作用来带动一批涉农科技知识和专利在农村地区市场化、商业化，以此带动促进当地农业生产结构合理的转型升级，带动中西部地区广大农民快步进入农业现代化，这应该是我国中西部农村地区发展和努力的重要方向和途径之一。农业科技型企业一般是指在农业技术密集型的产业中由具有一定农业技术专业特长的创业者所创立的企业。他们所生产或提供的产品或服务往往具有较高的技术含量，与此同时，他们还面临着较高技术与市场的双重风险。从现有农业科技型企业的创生成长动力来看，此类企业的快速成长主要依赖于五个方面：政策、技术、市场、创业机制以及乡村创业者的创业精神。

已有的乡村创业研究多选择从创业政策扶持、创业融资以及创业者的创业精神出发展开理论探讨，其重点探讨了乡村创业宏观环境与微观环境，如社区环境同乡村创业者创业导向等个体心理意识层面的匹配关系；并且针对该领域的研究多集中在英国、美国及欧盟等西方发达国家和地区，一些欠发达国家和发展中国家如中国的乡村创业研究则相对要少，特别是我国的乡村创业研究理论构建还依旧欠缺。我国乡村创业者面临的巨大考验是：如何不依赖国家的政策扶持在乡村地区获取资源来开发创业机会？我国乡村振兴战略的实施关键在人才与产业的振兴，那么，如何从这两个核心点上出发来激发乡村创业活力，并通过农业科技型等不同类型乡村创业企业的快速成长来助推农村地区经济的复兴，并最终践行国家乡村振兴战略？以上这些议题还需深入分析和探讨。

本书获得了 2020 年湖北省社科基金一般项目（后期资助项目）"乡村创业助推乡村振兴：基于农业科技转化与扩散视角"（立项号：2020066）。本书的出版也获得了经济科学出版社的鼎力支持，在此一并表示感谢。鉴于本书所涉及的理论范围较广，限于笔者水平，书中疏漏及不当之处在所难免，恳请读者批评指正。

张承龙

2021 年 6 月

目　录

第一章 研究缘起：问题、方法及结构

据国际移民组织（IOM，2015）发布的《世界移民报告》（World Migration Report）数据显示，预计到 2050 年，世界城市总人口将达到 64 亿人，未来 10 多年全球每周将会有 300 万人搬迁到城市居住（Kovács and Zoltán，2017）。在这全球性大趋势裹挟下，中国乡村社会中的精英群体或中坚力量毫无疑问会迁移到教育、医疗等基础设施更好的城市居住，造成诸如乡贤或中心人物缺失的"空心村""留守村"现象（厉以宁，2016）。面临乡村社会的大变迁，中国乡村百姓将如何迎接挑战并追寻属于他们的"幸福"？本书以为：在国家乡村振兴战略的指引下，未来乡村全面振兴与发展新路径必将聚焦于多元化的乡村创业、投资上，而不是仅依赖于政府补贴与扶持（见表 1-1）。

表 1-1 未来乡村发展变迁新路径或范式

乡村发展关注要素	乡村发展新路径	
	先前路径	全新路径
乡村发展目标	均等化；农民收入；农场竞争力	乡村地区竞争力；本地资产增值；开发未使用资源；幸福小康生活
核心目标部门	农林牧渔业	农业经济多元化部门
核心工具	农业补贴	创业、投资、制度与政策创新
核心影响因素	国家层面政府部门；农业劳动者	各级政府部门；不同的利益相关者

资料来源：根据相关文献整理所得。

但是，乡村创业者群体有什么显著特点？他们为何选择在乡村创业，而不是在创业基础更好的城市？为何在相同扶持政策条件下，一些乡村创业项目能够快速成长并成为当地创业示范企业，另外一些乡村创业项目却以"等、靠、要"政府资金扶持的方式维持基本生存？相比于一般产业中的创业行为，作为特定情境下乡村创业活动对先前经验有更强的依存度。例如，家庭农场创业者既需具有相关农作物种植技能，还需拥有农场经营管理以及农产品市场开拓的知识等（Pindado and Sánchez，2017），缺乏这些先前经验，乡村创业失败风险相应增大。

同时，乡村创业还需面对具有中国特色的土地供给制度政策变迁之背景：由农村集体经济组织土地所有权与承包权"两权分离"向所有权、承包权及经营权"三权分置"的转变（刘灵辉和郑耀群，2016）。这一转变不是自然而然产生的，而是因为在当前乡村创业过程中，出现了许多新型经营主体：农村合作社、家庭农场、农业龙头企业、乡村旅游企业等（王永贵、汪寿阳和吴照云等，2021），它们在实际创业过程中产生了许多与原有土地政策不相适应的新诉求，并利用自身影响力不断向制度供给方——政府决策部门施加影响，促使其革故鼎新。因此，乡村创业者需要充分利用好自身所具有的社会资本等资源禀赋来弥补制度内在"管制因素、规范因素和认知因素"中的不足，甚至需要采取影响或革新现行政策的制度创业行动（Sutter，Bruton and Chen，2019）。通过以上制度创业行动来作用于外部政策环境，并选择适合的乡村创业模式来提升乡村创业成功率。

第一节　研究背景及意义

一、研究背景

2015 年中央《关于加大改革创新力度加快农业现代化建设的若干意见》聚焦于农民工等返乡人员的创业议题，并设定了农民工返乡创业扶持政策三个阶段总体目标（时间跨度为 2015 年 11 月~2020 年 12 月）：从动员部署阶段到全面实施阶段，再到深入推进阶段，每一阶段均提出具体的目标任务、实施路径和责任单位，总体目标详实而具有极强的可操作性。自此之后，地方政府相继针对这一总体目标纷纷出台了更为细致地鼓励农民工等返乡人员创业扶持政策。2018 年备受关注的中共中央、国务院《关于实施乡村振兴战略的意见》继续聚焦于"三农"，并提出了乡村振兴战略，还强调从供给侧结构性改革的角度强调农业农村工作重心与主线。作为"供给侧管理"最为重要的劳动力和制度因素（其他还包含与农业发展核心相关的土地、资本和技术等因素）——返乡、入乡及在乡人员创业活动能够激发农业、农村经济活力，政府通过创业支持政策等制度层面的激励和引导，能充分挖掘与农业相关的劳动力创新与创业潜力。显然，这些活力和潜力被激活后具有重要的战略意义，即可通过乡村创业来提升广大农村地区就业率，通过返乡、入乡及在乡人员的创业示范作用带动农民脱贫致富，以此有效缓解农村地区扶贫脱贫的攻坚压力。笔者自 2015 年以来多次深入湖北省武汉市新洲区、宜昌市宜都、孝感市（孝昌县、大悟县、安陆市）等地展开农民工返乡创业活动的实地调研，返乡、入乡及在乡人员创业活动形式多样，包含特色农产品电商、在线乡村旅游及项目开发、生态与科学种养型家庭农场等众多创业模式。然而，在政府相同的扶持政策条件下，存在着一些乡村创业项目能够快速成长并成为当地创业示范企业，而另外一些乡村创业项目却是以"等、靠、要"方式来获取政府资金扶持来维持基本生存的矛盾现象。毫无疑问，乡村创业活动相比其他一般创业活动具有其自身的独特性，需要学术界加以深入剖析和研究。

二、研究意义

从已有研究乡村创业（包含返乡、入乡及在乡人员创业）文献来看，乡村创业问题也越来越引起一些国际组织和主要国家政府的关注，如联合国、经济合作与发展组织（OECD）和欧盟，众多政府及政府官员非常重视出台创业扶持政策来促进农村地区的发展，培养农村地区的商业和企业活力（Steiner and Atterton，2014）。英国和西班牙等主要欧洲国家的研究者多聚焦于"组织特性、政策测量、制度框架和乡村治理等"主题来探讨乡村创业活动，特别是现有针对乡村创业的实证研究多集中在如英国、美国、西班牙、芬兰和希腊等西方发达国家。一些欠发达国家和发展中国家如中国的乡村创业研究则非常少，而针对这些国家的乡村创业主题研究具有紧迫性，又极具研究潜力（Pato and Teixeira，2016）。从长远角度来看在诸如中国等发展中国家农村地区经济振兴急需乡村创业等相关理论的指导。

无论是农民工等返乡人员，还是具有农民出身背景的产业界人士进入农村地区开展的创业活动都可以视为较为特殊的乡村创业（韦吉飞，2010；罗明忠，2012）。本质而言，乡村创业对于提升农村地区就业率和福利水平具有积极的促进作用（Chun and Watanabe，2012），乡村创业也可以帮助各地方政府有效应对当前农村地区所面临的诸多挑战。在 OECD 成员国中，超过75%土地是农村地区，有接近总人口 1/4 的人居住在农村地区，在欧盟（EU）国家中，这两个比例分别是57%和24%。据我国第七次人口普查公报显示，中国14亿多人口中，乡村人口占比36.11%。相对于其他区域，无论是在中国还是在全世界范围内，广大农村地区正面临着众多挑战，而偏远地区的乡村或山区所面临的挑战更严峻！（Brown and Schafft，2011）由于农业地区普遍离城市市场和便捷的公共服务（这些公共服务包含教育、健康与医疗保障等）较远，并且伴随着日益凋敝的农村社会经济环境（缺乏就业条件和创业机会），农村居民居住地相对分散，又呈现老龄化等趋势，上述问题的累积必然引致农业部门就业率急剧下滑，农业部门就业率不高则是农村地区面临的最大挑战！显然，要解决好我国当前农村根本的问题在于如何想方设法提高农业部门的就业率。那么，鼓励和扶持乡村创业活动自然是解决当前困境的首选策略。因此，本书认为，随着农村社会变迁的加剧，从创业视角出发来讨论推动农村地区发展议题可能是一条较为新颖的路径：

一方面，我国广大农村地区实际上存在着许多未被开发的创业机会，而每年却又有大量低技能和缺乏行业经验的农民工进城寻找就业机会。现实中，在农村发生重要变迁的同时，也出现了一些创业机会，如农村田园风光、乡村乡韵吸引着众多城市居民，具有农村特色的高质量农副产品和旅游服务，如有机绿色农产品、农业观光旅游、民宿等主题性乡村旅游项目越来越吸引众多消费者的目光（Stathopoulou et al.，2004）。那么，为何农村地区存在许多创业和就业的机会，广大农民却依然要离开家乡到外打拼呢？通过研究进城务工人员的现有研究可以清楚地看到，广大农民工普遍存在整体文化水平不高，相关行业经验和专业技能等相对欠缺的问题，正是由于知识、技术等资源禀赋的约束才制约了农民工对于创业机会开发的能力（陶欣和庄晋财，2012）。那么，农民工等返乡人员在城市和相关产业中积累的相关技术、管理和创业经验是否可以提升创业机会的开发能力呢？湖北省孝感市大悟县三里镇湖北楚绿香生态农业科技有限公司刘庆胜有数十年在外从事农产品经营和农技推广工作的经验。2014年，刘庆胜返回故乡大悟县三里镇汪畈村成立了一家集水稻种植、水产养殖、农业观光、农家乐、优质稻米加工等为一体的现代科技型农业企业，注册资金1000万元。该企业采用"稻—鳅—鱼"共生生态科学种养技术，为城市消费市场提供健康、特色、安全的"楚绿香"生态香米以及其他天然绿色渔业产品。该企业发展的有机种养基地辐射和带动当地20多家农户通过土地流转发展种植养殖，人均每年增收8000多元，帮助当地农村多家贫困户脱贫致富。基于此，本书认为，需要探讨乡村创业者的先前经验（相关产业内的管理经验、技术经验和创业经验等）广度和深度对于乡村创业成功率的影响机制，并指出通过何种途径来提升返乡、入乡及在乡人员创业知识储备和能力素养！

另一方面，一些返乡创业人员上马许多极具市场潜力的创业项目，却因为相应制度政策不配套或难以落实而只能停摆或者放弃。当前我国经济发展正处在转型关键阶段，无论是城市地区还是农村地区的创业企业均面临着较为复杂的制度环境，虽然国家各级政府出台了许多很好的支持政策，但在实际落实过程中又面临着一些阻力或挑战：无论在城市地区还是农村地区创业的私营企业都会面临较大份额非交易性资源支出、缺乏合约约束力和较高关系风险、市场信息失真以及相对薄弱的知识产权保护制度等负面因素影响（Yu et al.，2013）。简而言之，我国创业的企业盈利水平不仅受市场经济环境因素的影响，也会受到诸如制度环境等内生性因素影响（Li et al.，2006；Li and Matlay，2006）。以湖北省安陆市孛畈镇龙冲村的一个旅游开发项目为例，该项目是由几位在外打拼致富的返乡农民合资成立海风集团负责投资运营的在线旅游开发项目，项目规划面积4700亩，92%为林业用地、公园绿地及水域，其他8%为道路、交通及配套建设用地，计划打造集"经济林观赏、山林探险、生态湿地游览、森林浴场和民宿等"于一体的绿色生态旅游度假区，项目计划总投资约5亿元，该项目能够为当地农村创造近1000个就业岗位和机会，旅游项目开发成功后还可以带动项目景区周边的乡村"农家乐"等的发展，让更多周边农民从这一旅游开发项目中受益。然而，在旅游项目开发过程中却依然面临着众多阻力和困难，例如，当地村委会在林地等土地流转过程中给予了非常多的政策扶持，但在实际执行中遇到了许多制度性难题，由于政策规定赔偿额度的限制，被征地农民在补偿款以及再就业安排等问题上不予配合，且在项目规划范围内龙冲水库等承包经营权上又起了纷争。因此，农民工等返乡人员创业需要更为灵活有效和具有针对性的扶持政策，地方政府和返乡创业者需要共同努力通过制度创业实践来应对创业过程中随时涌现的阻力。鉴于此，在诸如中国这样的转型经济体中进行创业，特别是在中国农村这些更加注重血缘、人情关系的场域中开展创业，一定要关注社会人情和制度约束性因素的影响作用。因此，农民工等返乡创业者需要重视制度环境，更需要通过自身或其他组织（如村民委员会、乡镇基层政府）的制度创业行动来对现有制度环境产生积极的影响，进而改善在农村地区创业的制度环境，以此推动乡村创业企业顺利、健康成长！

因为乡村创业人员在自身资源禀赋上的差异或限制（先前经验的差异），不同的乡村创业者在面临即使相似的创业制度环境，以及相似的创业模式，在先前经验与制度创业活动的互动作用机制之下，可能会产生截然不同的创业过程和效果。因此，若从制度的角度出发来看，无论是一般性创业研究还是乡村创业研究都是在基于一定制度背景下进行的（方世建和孙薇，2012），然而，农民工等返乡创业人员如何通过自身所具有的先前经验、社会资本等资源禀赋来辨识制度内在的"管制因素、规范因素和认知因素"，以此影响或改变现行制度乃至创造新制度（Maguire，Hardy，and Lawrence，2004），达到提升创业企业的成功概率，并保持持续的竞争优势？现有关于先前经验、制度创业和农民工等返乡创业绩效三者间的作用关系机理的研究还鲜有涉及，而这一研究议题正构成了本书需重点突破的研究方向。

我们需要注意的是，在认识到先前经验、能力和制度环境等方面可能存在的差异性，农民工等返乡创业人员要降低创业过程中遭遇创业失败的可能性，还需要注重如何从在农村地区创业示范企业的知识溢出中获取适合当地的情境化运营和管理方法，并最终采取行之有效的创业模式来开展与农业相关的创业活动。因此，本书还需从以下两个方面予以考虑：

一方面，从知识溢出理论的角度来看，乡村创业成功既需要自身先前经验的累积（静态知识的积累），也需要从外部获取更新的创业知识和技能（动态知识的获取）。那么，从创业示范企业或行业中的龙头企业获取外溢知识则是一种有益途径，张永强等（2014）通过对黑龙江地区龙头农业企业与一般创业农业企业间的知识外溢现象进行了实证分析，研究认为，知识溢出中的知识相似性与组织邻近性间的正协作用有利于提升乡村创业绩效。故而，在考虑返乡农民的先前经验，以及制度创业等核心因素之外，还需考虑知识溢出对于乡村创业绩效的作用机理。

另一方面，从产业集群理论的角度来看，农业现代化的前提条件是农业规模化经营，规模化经营则需要依赖一些具有特色的农产品生产、加工以及运销等价值链上的相关农业企业形成产业集群。乡村创业企业的成长速度取决于产业集群所带来知识溢出效应以及企业自身的创业学习和吸收能力。徐丽华和王慧（2014）通过研究山东寿光市蔬菜产业集群特征发现，专业化小农户创业企业的规模聚集能够推动本产业和企业的技术、组织和服务的创新，反之亦会提升这类企业的成长速度。显然，乡村创业需要选择合适的创业成长模式或路径，那么，我国乡村创业者偏好哪些创业成长模式呢，这样的成长模式对创业绩效又有怎样的作用机制呢？本书还将从产业集群理论的视角来深入探讨之。

鉴于此，乡村振兴战略大背景下，本书将进一步结合知识溢出理论、技术扩散理论以及产业集群理论等，从理论上揭示乡村创业人员如何利用产业中积累的先前经验并通过制度创业实践活动来促进创业企业的创生成长，并在激烈的市场竞争中保持持久的竞争优势，并最终推动当地乡村经济的振兴。因此，本书需要重点解答好以下几个问题：

（1）乡村创业群体是怎么样的群体？他们具有什么样的特征？返乡、入乡及在乡人员为什么会选择到乡村去创业，而不是在城里创业，简言之，他们返乡创业的内在动机是什么？对于返乡、入乡及在乡创业人员而言，先前经验的内涵是什么？实证研究将从已成功创业的返乡创业者的一手调研数据入手，探讨先前经验的高低、多少等因素将在多大程度上影响乡村创业绩效，并尝试揭示知识溢出效应在前二者之间可能存在的调节或中介作用效应。

（2）什么外在因素影响农民工等人员选择走上返乡创业之路？乡村创业人员倾向选择何种创业模式？返乡、入乡及在乡创业者除内在的创业动机之外，外在影响因素诸如来自产业、组织——农业龙头企业或创业示范企业等因素对倾向创业的人员所形成的示范效应，返乡创业者是否会倾向选择同产业内的成功企业建立密切的产业联系来获得创业成长知识、技术和资金等资源，以达到集群式创业成长？故而，集群式创业成长模式对于乡村创业绩效作用机理需予以分析。

（3）乡村创业者以及地方政府主体的制度创业实践如何影响返乡、入乡及在乡创业扶持政策，以及扶持乡村创业的政策效应如何？简而言之，重点探讨制度等内生性因素如何影响乡村创业决策，制度创业所引致的现有政策的革新将会对乡村创业绩效水平产生什么样的作用？它们的内在机制如何？都是本书将要着重探讨的议题。

（4）乡村创业活动对于活跃农村生产要素市场、提升农业生产绩效以及提高农民收入的动力机制如何构建？在农村地区还需要哪些更为科学合理的制度政策来鼓励农村地区的创业活动以振兴乡村经济，并最终改善农民福利水平？

综上所述，在过去的 20 年间，基于中国"农业、农村和农民"这一特殊情境领域的创业研究长期被主流研究学者们所忽视，引致的必然结果是：相对于其他一般创业理论而言，针对中国情境的乡村创业等创业理论则显得非常欠缺，而农业部门发展活力取决于与农业相关的商业活动潜力（乡村创业活动）的挖掘深度。因此，将创业领域的相关理论应用到农业相关的情境领域中具有重要的理论意义。

此外，本书将从乡村创业者的个体层面的先前经验，产业层面的创业示范效应（龙头企业的知识溢出效应），以及制度层面的制度创业实践等多个层面探讨提升乡村创业绩效水平具有重要的实践意义。

（1）乡村创业者是一个较为特殊的群体，是否需要与一般的创业者有不同的创业扶持政策，仍然需要学界和各级政府予以认真思考。政府在制定创业扶持政策时，不仅要创造有利的创业环境，还需要考察政策的情境因素，即扶持主体的靶向性，以及不同主体的可选择性。显然，研究乡村创业这一相关主题能够丰实我国创业扶持政策覆盖面，从而提升各级地方政府创业扶持政策的有效性和适用性，并进一步提升乡村创业的成功率。以此实现 2021 年中共中央、国务院《关于全面推进乡村振兴加快农业农村现代化的意见》设定的战略目标：巩固脱贫攻坚成果与乡村振兴有效衔接。

（2）能够为完善和优化新时期我国"新农人"创业教育体系提供相应的借鉴作用。通过对返乡、入乡及在乡创业群体特别是新生代农民工创业群体特征的挖掘，寻找克服乡村创业群体自身存在的创业能力、经验、技术以及知识等资源禀赋短板的正确途径，利用针对性的创业教育来提升返乡、入乡及在乡创业人员的创业能力。

（3）可以通过特定制度背景下的乡村创业理论协助指导当前我国农业供给侧结构性改革。通过剖析我国乡村创业的制度背景因素，分析转型经济情境下我国返乡、入乡及在乡创业活动对于特定区域内的制度环境（如创业政策等因素）反向作用，这利于我们持续挖掘我国的乡村创业潜力，充分调动农村地区土地、资本和技术等核心要素资源，进一步激活与农业相关的有效需求：绿色有机农产品消费、农业相关技术型投资以及高质量农产品的出口。

第二节　核心概念界定

一、农业科技型小微企业

有关中小微企业的发展议题，无论是从国家战略发展层面，还是从微观经济层面，众多学者以及实践家们均给予了极大的关注。近年来，无论是从立法层面，还是发展规划等层面中央以及各级地方均给予了中小微企业足够的发展空间。例如，国家从法律层面出发，2002 年和 2017 年全国人民代表大会常务委员会先后审议通过《中华人民共和国中小企业促进法》及其修订版，随后，2009 年国务院发布了《关于进一步促进中小企业发展的若干意见》，2016 年出台了《促进中小企业发展规划（2016 – 2020）》，目的均在于尝试从法律和政策层面为中小微企业的发展创造宽松的外部政策环境，促进中小微企业的健康快速成长，从而带动国民经济的发展。众所周知，中小微企业为我国经济贡献了"5678"的力量：即贡献了我国大于 50% 的税收；为我国 GDP 贡献了 60% 以上；为我国科技创新发展贡献了 70% 的发明专利；为我国创造了大约 80% 的就业岗位①。其他国家诸如日本、德国中小微企业对国民经济发展的贡献也是类似。全球范围的不同国家均对中小微企业发展给予了足够的扶持和重视。

鉴于本书聚焦与农业相关的创业研究议题，且一些研究对象诸如农业科技型小微企业也多集中于农业科技园区内，得益于国家政策扶持以及农业技术的集中转移和扩散影响，这些农业科技型小微企业将会在国家级、省级的科技园区内获得长足的发展。但是，我们若要弄清楚这类企业的成长特点和规律，则需要首先界定好什么是农业科技型小微企业。综合国家统计局以及学界对于科技型小微企业的概念界定，本书以为，农业科技型小微企业主要是指那些从事与农、林、牧、渔业等相关技术开发、应用并开展盈利活动、年营业收入（Y）低于 500 万元、企业员工（X）低于 100 人的经济组织。国家统计局等部门对中小微企业的划分标准见表 1 – 2。

---

① 易纲. 小微企业贡献了 80% 的就业 50% 的税收必须要支持［OL］. 凤凰网财经：http：//finance. ifeng. com/a/20180614/16342064_0. shtml［2018 – 06 – 14 10：00：03］

表1-2   国家统计局等部门对中小微企业的划分标准

企业类型	产业（列出部分产业）	企业员工数量（人）	年营业收入或资产总额（万元）
中型	农、林、牧、渔业	未列明	500≤Y<20000
	软件和信息技术服务业	100≤X<300	1000≤Y<10000
	信息传输业	100≤X<2000	1000≤Y<100000
	租赁和商务服务业	100≤X<300	8000≤Z<120000
	工业	300≤X<1000	2000≤Y<40000
	零售业	50≤X<300	500≤Y<20000
	其他未列明行业（包含有科学研究、技术服务等）	100≤X<300	未列明
小型	农、林、牧、渔业	未列明	50≤Y<500
	软件和信息技术服务业	10≤X<100	50≤Y<1000
	信息传输业	10≤X<100	100≤Y<1000
	租赁和商务服务业	10≤X<100	100≤Z<8000
	工业	20≤X<300	300≤Y<2000
	零售业	10≤X<50	100≤Y<500
	其他未列明行业（包含有科学研究、技术服务等）	10≤X<100	未列明
微型	农、林、牧、渔业	未列明	Y<50
	软件和信息技术服务业	X<10	Y<50
	信息传输业	X<10	Y<100
	租赁和商务服务业	X<10	Z<100
	工业	X<20	Y<300
	零售业	X<10	Y<100
	其他未列明行业（包含有科学研究、技术服务等）	X<10	未列明

注：X为企业员工数量，Y为年营业收入，Z为资产总额。
资料来源：国家统计局《统计上大中小微型企业划分办法》（2017）。

二、乡村创业

目前，关于乡村创业的概念界定国内外学者并未形成一致性的意见。通过回顾国内外已有的研究文献可以看到，最早对乡村创业概念进行讨论和界定的学者霍伊（Hoy，1987）认为，乡村创业者是指在农村区域情境下具有"自然独立，风险承担力，目标导向的，自信、乐观、工作努力和具有创新性的一群人"；沃特曼（Wortman，1990）在结合乡村创业过程的两个核心要素——结构解析和创新程度的基础上，从乡村创业组织结构特性出发，将乡村创业界定为"在农业相关背景下创建新组织、介绍新产品、提供新服务，或者开展创建新市场、采用新技术的机会开发活动"。在这一概念界定中我们可以看到乡村创业所具有的基本特征：（1）创业活动一般集中在创新现有农业产品或服务；（2）服务和创造新农业市场；（3）利用新技术推动农业生产发展。有些学者对乡村创业做了更广义的界定："发生在区域广阔、人口稀疏的农村所有一切具有合法组织形式和创造利润的创富行为"（Kalantaridis and Bika，2006）。在农村区域环境中，外部变迁如全球化和新技术的引进对农村经济的特性产生了许多显著的影响，这些影响既有有利的一面（如提升了农业生产效率，降低了农产品生产成本），也有如农产品国际竞争更加激烈等不利的一面（Mieroslawska，2013）。故而，农村地区的创业活动甚至并不被一些学者所看好，他们认为农村地区是"创业落后区"（Fornahl，2003），因为农村地区社会文化价值的限制，创业者一般缺乏正式或非正式的合法性或正统性，他们的创业行为在农村地区还普遍缺乏认同度，农村地区相对落后的经济、人文氛围降低了创业者将基于创新知识的创业项目在农村地区落地开花的意向，但另外一些学者认为不能忽略农村地区的创业活动，需要予以重视，农村也存在着较多的创业机会未被挖掘（Stathopoulou et al.，2004）。

国内学者更倾向于从创业者自身属性特征出发来界定在乡村地区的创业活动，如农民创业、返乡农民工创业等（孙红霞等，2010）；还有学者将乡村创业研究的范畴扩大，无论是在农村地区创办涉农类型的企业（包括农业技术服务、咨询和管理、农业科技型企业等），从事基于特色农业产品的特色种养和加工等过程的创业活动，还是农民在小城镇创办非农的企业经营活动都可以被纳入乡村创业研究的范围（韦吉飞，2010；罗明忠，2012；蒋剑勇，2014）。由以上研究文献可知，国外学者并没有区分创业者的属性特征，不论创业主体身份属性是否为农民，只是将所有在乡村地区创业活动统称为乡村创业。显然，国外学者的乡村创业概念外延大于国内学者。为了不限制本书后续调研和研究对象的范畴，区别于农村地区一般乡村创业活动，凸显返乡、入乡及在乡人员较高的创业能力和素养，我们倾向于将返乡、入乡及在乡人员创业界定为"具备现代经营理念，借助互联网及信息技术，参与农林渔牧等产业链经营的新型农业经营者"（喻晓马等，2016），简称"新农人"乡村创业者。现实中，乡村创业者主要由三部分人群构成：一是农村本地人、返乡者，他们接受了互联网、农业相关技术的洗礼，用学到的新技术回乡创业，以淘宝、京东等第三方电商平台作为农产品产销流通渠道；二是来自外乡或城市的入乡创业者，他们为当地农村带来了新的知识和理念，启蒙了当地老百姓的网络意识，促进了互联网农业的普及；三是新进入农业和农村的跨界人士，他们具备农业之外的其他职业背景，依托种养大户、家庭农场、专业合作社等商业组织，通过各种途径和方式从事农业生产经营活动，并吸引风险资本的加入。通过分析已有研究农民等相关创业人群来源的类型特征，我们可以将乡村创业者群体分为以下几种类型：（1）曾经的地方政府领导（这部分人拥有较高的社会资本）；（2）农村技术人员（这一群体一般拥有较高专业的技术）；（3）专业家庭作坊演化为家族式企业；（4）退伍军人，即其在军队服役期间接受过一些专业的技能培训或同军队有一些重要联系；（5）返乡青年，即接受过较高水平的教育（中等职业教育或中专教育乃至高等教育背景）。简而言之，我们将返乡、入乡及在乡人员（包含新生代农民工、返乡农民工、具有较高学历返乡创业的大学生等）在农村地区、城乡接合部、小城镇地区创办各种类型涉农企业、家庭农场，以及未注册登记的家庭经营、乡村旅游等各类经营活动均界定为乡村创业。显然，本书对于乡村创业的概念界定是广义的：具有新思维、新技术及新理念的人或群体在农村地区开展从事农产品生产、加工、流通或为农业提供宣传、推广、指导、咨询等价值创造的活动。

三、乡村振兴

纵观全球发达国家的现代化历史过程，我们可以清楚地看到，这些地区都无法避免地伴随着乡村及乡村经济的衰退。这已成为一个世界性的难题，以英美两国为例，从 1970 ~ 2016 年，两国农业人口均从 25% 减少到 17%（王亚华、苏毅清，2017）。这些国家在提振乡村经济过程中普遍需要应对的一个问题是农村地区人口减少、老龄化问题严重，如美英两国通过乡村发展振兴计划，韩日两国通过新农村运动来推动城乡一体化进程，也取得了较好的效果。格拉德温等（Gladwin et al.，1989）、约翰逊（Johnson，1989）从农民或乡村创业的角度来探讨乡村复兴对策；卡维特（Kawate，2005）从农村地区组织变革的角度出发来推动农村地区经济复兴；阿尤巴米和本（Ayobami and Bin，2013）从乡村旅游的角度出发探讨农村地区复兴；野中郁次郎和小野伸二（Nonaka and Ono，2015）从相关农产品产业化及生产重构角度出发来探讨复兴乡村经济之道。显然，国外发达国家的乡村复兴、乡村计划以及乡村建设经验为我们提供了某种程度的借鉴。

中央连续 10 多年聚焦于"三农"问题，特别是党的十九大以来，"乡村振兴"作为决胜全面建成小康社会所必需实施的七大战略之一，彰显了以习近平同志为核心的领导集体应对新时期新挑战的战略智慧。该战略的具体目标是要求农村发展要以"产业兴旺、生态宜居、乡风文明、治理有效、生活富裕"为目标，尝试"建立健全城乡融合发展体制机制和政策体系"，并明确了 2016 年中共中央、国务院《关于落实发展新理念加快农业现代化实现全面小康目标的若干意见》所提出的"加快推进农村现代化"的总任务。从乡村振兴战略提出历史背景和基础来看，它与前期中央提出的"社会主义新农村"建设的战略目标是一脉相承的。社会主义新农村建设总体概括为"生产发展、村容整洁、生活宽裕、管理民主、乡风文明"。从二者表述的内容来看，乡村振兴战略的要求与时俱进，聚焦于农业相关产业的兴旺，不仅要求农村整洁美丽，还要环保、生态、宜居，战略目标更为长远；农业、农村进入现代化，乡风淳朴，文明及现代，这需要"一懂两爱"（即懂农业，爱农村，爱农民）的人才投身于农村现代化建设事业，扎根于农村、奉献于农业，形成农村积极有效治理的局面，农村地区老百姓安居乐业，生活富裕，城乡差距基本消除。乡村振兴目前已成为各级政府需重点部署和推进的战略议题，例如湖北省 2018 年出台的《中共湖北省委湖北省人民政府关于推进乡村振兴战略实施的意见》，为湖北省的乡村振兴战略提出了具体的"三步走"战略。

乡村振兴战略作为决胜全面建成小康社会需坚定实施的重要战略部署，激起了我国学术界针对"三农"以及"乡村振兴"相关研究主题的极大热情，虽然目前并未对"乡村振兴"概念形成统一概念，但作为一个从国家战略层面界定的概念，其可以视为党的十九大以来我国针对过去所有与农村相关重要战略的高度概括、提炼和理论的升级。毋庸置疑，我国广大农村地区未来十年必将再次迎来新一轮的大发展：农村经济在乡村振兴战略布局下必将全面复兴；中国广大农村地区向世人展示的必将是气象万千的"新农业、新农村、新农人"（"新三农"）；农村地区的创业活动也会越来越活跃，农村田园风光、乡村乡韵将吸引更多城市居民并令其流连忘返，农业部门的就业率将逐步提高，农村地区将是一派欣欣向荣！

四、农业科技创新与转化

对于"农业科技创新与转化"这一概念，我国《农业技术推广法》作出如下界定，即将应用于种植业、林业、畜牧业、渔业等农业相关的科技成果和实用技术普及、创新并转化到农业生产的产前、产中及产后的全过程。现实中，我国农业科技创新与成果转化的水平同世界上主要发达国家还有不小的差距，农业的相关技术成果与农业产业的实际应用还无法无缝对接，实际上，需要我们投入更多的人、财、物来构建具有中国特色的农业技术推广体系，以此推动我国农村地区农业产业的兴旺与发达。农业、农村及农民的发展，要从区域经济发展的要素出发，重视农业技术的创新和转化效率，注重以技术为支撑点以实现我国乡村振兴。

显而易见，我国农村地区经济复兴与活跃，还要依赖一大批绿色、环保和实用的农业技术在广大农村地区生根、发芽，更要结果。因此，农业科技创新推广与应用应该是乡村振兴的重中之重。社会各界力量，如农业合作社、乡镇基层政府、村级村民自治组织、涉农研究机构、大专院校关心"三农"问题的学者等，都需要贡献自己的力量与智慧来促进农科教、产学研相结合，重点培育高产、高端、高效农业。我国涉农科研、学术界作为占有新知识的群体，绝大部分没有用这些知识为农业、农民服务；而与此同时，急需要这些新知识和技术来提升农业发展速度、服务农村发展的群体（主要是指农民群体）却缺少获取这些知识的途径。因此，需要一个中间的力量来让这种缺口能够顺利合拢，那么，上文与"三农"相关的多元主体则是最好的传导载体。在美国，让缺口合拢的机制比较成熟：州立大学农学院作为农业技术和知识的主要产生主体，它同联邦农业推广局、农业推广站、县农业推广站组成多位一体的运行机制，确保农业技术成果转化效率和效果；日本则通过推广改良中心收集农民遇到的技术等问题，并将该问题反馈给农业技术研发、推广人员，进行及时的改良，故而其在农民与科学技术之间架起了充分沟通的桥梁。范贝克（Van Beek，1997）通过对澳大利亚农业技术推广系统近200位涉农技术推广人员的深度访谈发现，在澳大利亚，同样存在技术推效果欠佳的弊病，农业技术创新与推广在采用率上还比较低，未来还需要整合多方力量来共同努力。杜斯韦特等（Douthwaite et al.，2002）通过收集菲律宾及越南农业创新和推广技术成果样本的分析发现，从事农业生产的利益相关者需要注重自身学习过程与学习选择的协调，这有助于农业技术创新成果应用的成功。

故而，农业科技创新与成果转化成功率的提高有赖于以下两个方面的努力。一方面，需要贴近地气的农业科技人员研发更多、更好的涉农科技创新技术，推进农业产业的节能减排，大力发展循环农业、低碳农业，提高农产品及加工品的有机化、标准化和绿色认证水平；另一方面，从事农业产业创业的企业、农业咨询服务中介组织以及职业农民等各方利益主体，在加大科技推广服务力度的同时，需要不断学习和更新农业科技知识，加快推进农业技术集成化、劳动过程机械化、生产经营信息化和知识化，真正把农业科技优势转化为农业产业优势、市场优势。

五、制度创业

制度创业是指那些与创业相关主体预期通过改变现有的经济要素配置或供给制度或政策来改进和提升原本被当前经济要素配置或供给制度或政策规范所抑制的机会开发活动（Dimaggio，1988；Lawrence and Suddaby，2006；Wright and Zammuto，2013）。现有创业研究多数情况下将制度视为一种宏观外部影响因素，制度对于创业行为的影响多为单向的，却可能忽视了一些具有特殊才能或资源背景的创业者可能会对制度或政策产生的反向影响作用，甚至创业者的创业活动可能对现有经济要素配置或供给制度等产生变革性影响，并促进构建适合新形势、新时代的全新制度或政策。近期涌现出的制度创业研究文献认为，制度与创业者之间的作用关系在某些情形下是双向的。李稻葵等（2006）则将制度创业界定为"富有创新和创业精神的创业者，在创业或做大企业过程中，设法打破现有非市场制度约束，以达到促进企业成长、获得更高绩效水平的过程"；李晓敏（2017）在其著作中也支持创业者与制度之间的双边因果关系，并通过制度来配置创业者才能，创业者对制度环境作出反应，并最终推动和影响制度变迁。

近年来，国内外学者，通过文献计量分析发现，在过去20多年，制度和创业已成为重要的研究课题，制度和创业研究已经深度融合，并产生了非常重要的"制度创业"研究领域（李加鹏、吴蕊和杨德林，2020；Urbano、Aparicio and Andretch，2019）。制度创业者概念首先由迪马吉欧（DiMaggio，1988）提出，他认为制度创业者是具有较多经济资源的组织行动者，当其发现市场中的获利机会时，就会推动新的制度产生。基于此，后续学者如加鲁德等（Garud et al.，2002）提出制度创业的概念，并将其界定为创业者或创业企业针对特定市场机会或目标，对已有资源配置制度安排进行革新与改进的过程。通过上述的概念界定可知，在制度创业的研究中，成熟企业和创业企业同时被列为制度理论的研究对象。与相对成熟的经济体相比，新兴经济体由于相关经济制度或资源配置机制的不完善，创业者或创业企业在创业成长、企业经营中面临许多固有的制度障碍，故而更需要开展制度创业。李加鹏、吴蕊和杨德林（2020）认为：稳定的制度影响创业；制度变革影响创业；制度创业不仅影响创业过程，还会影响创业结果——创业绩效；创业反过来也会影响制度，因为创业者是嵌入在一定的制度情境、社会关系网络中的个体，不仅受到情境的影响，还会受到创业者个体的认知情感影响。

在不确定条件下，国外学者认为创业机会是创业者与其他市场主体进行不断互动和社会建构过程的产物（Alvarez et al.，2013；Sarasvathy，2001）。创业行动与决策的研究者则认为创业机会并不是预先存在的。那么，创业者的利润追求活动是如何形成创业机会的？一些国外学者认为，创业机会形成与制度有重要的关联作用，制度要素必须作为创业过程重要的组成部分予以研究（Demsetz，1967；Wright and Zammuto，2013）。传统制度理论重视研究制度或政策现象的宏观叙述，更强调制度对处于制度环境中的行动者的说服，期望行动者服从并最终保持组织的稳定性。熊皮特则从技术创新理论的视角出发，强调了企业家等主体的创新和创业双重角色，他们具有显著的"创造性破坏"特征，进而制度创业者则主要聚焦于通过自身的创业行动来推动现有经济要素配置或供给制度和政策的变迁（Dimaggio，1988；Greenwood and Suddaby，2006）。

当前，中国经济处于转型期，非常适宜用来检验和研究制度创业理论在中国应用前景，越来越多的学者加入这一研究领域，研究成果也逐年增多，说明制度创业理论越来越获得学界的认同和重视（张铭和胡祖光，2010；方世建和孙薇，2012；项国鹏等，2012）。现有创业研究的相关文献，非常注重制度对创业行为的影响作用，却很少注意创业者的利润机会追寻行动和实践，可能同时对旧有和现行经济要素配置或供给制度和政策进行一番修正或创造。

显然，这些制度创业实践活动，也是创业过程必不可少的一个环节。如国内学者倾向于从数字产业的案例企业、平台合法化及商业模式创新的微观角度出发，将制度创业过程概括为：特定制度情境下，创业者利用已有资源创新制度或变革现有制度并从中获利的理性选择过程（宋立丰、杨主恩和鹿颖，2020）。这类研究基于我国相对特有的平台制度情境，概括了制度创业逻辑分析框架，即"商业模式创新—制度创业—战略选择"，对我国新兴行业的创业活动具有重要的理论指导意义。国内学者还强调，从定量化研究出发讨论制度创业的未来研究前景，如尤树洋、杜运周和张祎（2015）通过总结国内外有关制度创业研究文献发现，制度创业研究聚焦于如何挖掘影响制度创业的前置条件及如何对制度创业进行量化分析，并倡导从个体、组织及场域多个层面来探讨制度创业，从而促使制度创业在中国情境下的研究结出丰硕理论成果。

现阶段，政府在制度创业及制度嵌入过程中发挥着主导者的角色，但政府层面的宏观制度将不作为本书讨论的议题。本书所涉及的制度创业概念更倾向于组织及区域等微观层面，旨在分析和概括新型组织在努力实现制度创新实践、新商业模式合法化的相对微观过程。该微观领域的制度创业活动也相当活跃且具有中国特色，非常具有研究的价值。

第三节 研究目的、方法及内容

一、研究目的

针对湖北省乡村创业现状（以农业科技型小微企业、互联网＋特色农产品电商企业、在线乡村旅游以及家庭农场为主要研究对象），从乡村创业者的先前经验（个体层面因素及影响）出发，通过知识溢出与产业集群的互动作用机制（组织和产业层面因素及影响机制），以及制度创业的调节作用（制度因素的作用），农业科技成果转化、知识产权保护效应与振兴乡村经济作用机制来探讨提升乡村创业绩效和乡村振兴的途径，并尝试构建具有中国情境特色的本土化乡村创业理论。

（1）研究乡村创业者先前经验对知识溢出与产业集群等创业路径选择的影响机理。从先前经验的代际经验、先前经验广度、先前经验深度等多个维度出发来厘清创业者的个体先前经验差异性，这些差异如何对乡村创业行为选择形成影响；分析乡村创业过程中可能存在的知识溢出现象，以及产业集群创业路径选择互动影响机制。从而最终构建农民等返乡创业者先前经验、知识溢出以及产业集群的作用机制模型。

（2）明确先前经验、知识溢出和产业集群、制度创业与乡村创业绩效、农业科技成果转化与乡村振兴等之间作用机理。分析不同制度创业主体的制度创业活动可能对先前经验与知识溢出和产业集群的调节作用；制度创业对知识溢出和产业集群同乡村创业绩效的调节作用机制。从而为各级政府出台的创业扶持、乡村振兴措施提供靶向性更强的政策建议。

（3）研究思路。首先，通过文献检索、专家咨询和现场实际预调研，准确界定先前经验、知识溢出、技术扩散、制度创业以及乡村创业绩效等关键概念，并对各变量维度进行定性解释和量化描述；其次，在构建先前经验、知识溢出、技术扩散、产业集群式发展以及乡村创业绩效等变量之间总体框架模型的基础上，分别建立相关变量之间的作用路径模型，并提出相应的假设；再次，设计问卷和收集数据，并运用相应的方法，如多案例研究、多元回归、结构方程模型等对数据进行实证分析和假设验证；最后，在结果分析的基础上，得出本书研究的结论并讨论其政策含义，据此为我国乡村创业提出具有靶向性更高的合理化政策建议。

二、研究方法

本书将根据所研究内容和特点，有效汲取"辩证实用主义"的多元立场、多元视角综合研究取向，在研究设计中统摄定性与定量研究的概念、预设和实践，从而形成相互倾听、相互印证的混合方法研究，尝试从我国乡村创业这一具有中国特色情境出发，深度剖析乡村创业的潜在规律，通过专业和细致的内容分析、多案例分析、扎根方法进行相关总结归纳、命题提出、假设验证，并最终提出具有中国特色的本土化乡村创业理论。本书将基于已有文献检索、先前研究，归纳相关理论，针对乡村创业个体动因、组织或产业动因以及制度因素三个层面来揭示先前经验、制度创业及乡村创业绩效的总体研究框架模型。同时，结合横向的实证分析以及纵向的制度创业深度案例分析，利用新供给经济学、经济社会学、组织社会学以及创业理论基础，分析乡村创业者从先前经验到知识外溢，以及技术扩散到产业集群和制度创业，再到乡村创业绩效提升的有效转化路径，并对知识外溢与产业集群的互动关系、制度创业的调节作用进行理论验证和分析。最后，通过混合方法研究得出的结论对相关研究对象进行纵向追踪研究，并对提出的相关理论进行进一步的验证和修正。具体研究方法如下：

1. 访谈、案例分析方法

鉴于乡村创业行为是一个相对动态长期的过程，乡村创业者先前经验如何通过合适路径予以转化需要进行一段时间的动态观察，因此，本书采用案例研究对象的纵向观察、追踪的方法：研究之初，将通过文献回顾，整理出相关核心研究议题，针对调研对象开展结构化和半结构化的深度访谈，将选择湖北省武汉市（新洲区、江夏区、蔡甸区）、孝感市大悟县、孝昌县、汉川市、安陆市、宜昌市宜都、咸宁市、黄冈市红安县等地农业科技型小微企业、互联网＋农业创业型企业等具有代表性的案例企业 10 余家，进行为期 3 年的跟踪研究，了解其创业过程中所经历的关键节点事件，了解其创业绩效的提升方法，提炼出本书的相关研究命题。

作为一种质性研究，基于调研资料的多案例分析将会严格按照规范的研究设计程序来予以展开，根据殷（Yin，2003）在《案例研究设计与方法》一书的要求，对所收集到的调研资料及二手资料进行归纳分析，采用 QSRN-Vivo 10.0 质性分析软件，对调研材料进行多层次分析：（1）文档分类，对收集到的原始数据材料进行初分类，划分为外部资料、内部资料和备忘录形式文件；（2）初级编码（自由编码、自由节点和案例创建）；（3）编码资料关系联结；（4）编码资料质询；（5）模型构建；（6）相关理论及政策启示。本书还将根据陈向明（2002）及郭玉霞等（2009）质性研究效度和信度保证做法建议，采用三角验证法来检验研究的有效性，即通过企业现场观察、主要企业创始人的访谈、公开文件收集资料进行验证，对访谈资料中核心编码内容与二手文档资料的编码进行条件编码质询来检验编码内容之间的吻合度和重叠度。为了增强本书的可信度，研究组成员在开展实地调研和访谈过程中均进行录音记录（并转成了文字稿）、笔记记录、拍照记录，研究者还将通过调研过程备忘录记载和调研后的反思和启示撰写研究报告，该报告引用调研一手原始资料作为验证，以此来增强本书的可信度。最后，针对相同的原始材料，研究团队人员每两两配对开展编码分工，通过统计比较两个研究者针对相同编码节点的 Kappa 系数和同意度百分比［同意度百分比＝相互同意的编码数量／（相互同意编码数量＋相互不同意编码数量）］来判断研究结果的信度，若多位研究者两两比较所有编码节点的 Kappa 系数绝大部分为 1，则同意度百分比在 90% 以上。故而，本书将借助专业的质性分析软件 QSRN-Vivo 针对收集资料进行科学和高效编码，确保提炼出概念模型具有更高的信度和效度。

2. 问卷调查、多元统计分析

（1）本书拟采用问卷调研，结合本书研究目的，在已有文献中所出现的部分问卷基础上进行修改和完善，设计先前经验、知识溢出、产业集群、制度创业以及创业绩效的相关问卷。主要收集湖北省武汉市（新洲区、江夏区、蔡甸区）、孝感市（大悟、孝昌、汉川、安陆）、宜昌市、咸宁市、黄冈市等地区的农业科技型小微企业、特色农产品电商、在线乡村旅游等企业的样本数据。

（2）本书还将采用结构方程模型（SEM）方法，用测量变量的协方差矩阵来分析判断先前经验、知识溢出、制度创业及乡村创业绩效等核心变量间关系，通过动态聚类或模糊聚类分析等方法分析乡村创业的个体因素、组织或产业因素以及制度因素的影响；对不同核心因素间的相互作用关系，将采用能检验调节关系的包含乘积项的回归方法进行验证。

（3）本书还将采用二阶段最小二乘法对乡村创业者的先前经验不同维度与知识外溢、技术扩散及知识产权保护、创业路径选择、不同主体制度创业者、创业绩效的互动关系进行相关检验，从而最终构建先前经验实际转化到乡村创业绩效提升的过程模型与路径模型。

3. 理论分析模型、概念模型、激励模型等

（1）建立并识别影响先前经验有效转化的三个核心关键影响因素（个体层面、组织层面及制度层面），分析各要素的影响方式及途径；揭示各要素的相互关系，以及知识溢出与产业集群的互动和匹配对创业路径选择的作用机制模型。

（2）分析先前经验对乡村创业绩效的影响过程；建立知识溢出、产业集群与乡村创业绩效的影响模型。

（3）从制度创业不同主体调节作用属性出发，构建先前经验对知识溢出、产业集群和乡村创业绩效多元变量间影响作用模型。

最后，从研究主题、研究目标、相关理论以及研究方法四个方面汇总本书的研究策略（见表 1-3）。

表1-3　　　　　　研究主题、研究目标、相关理论与研究方法应用

研究主题	研究目标	理论支撑	研究方法
乡村创业者及其先前经验	乡村创业者个体特征	创业理论 新供给侧经济学	半结构化访谈 小样本测试
	先前经验多重维度测量		
先前经验、知识溢出以及产业集群发展的作用机制	先前经验激活途径	知识溢出理论 产业集群理论	访谈调研/归纳法 问卷调研、因子分析、多元回归分析等
	知识溢出与产业集群互动机制		
	知识外溢和制度创业的中介/调节作用		
农业科技成果转化与振兴乡村经济作用机制研究：基于知识产权保护的视角	农业科技成果转化与乡村经济发展的作用关系	知识管理理论 技术创新 区域经济发展，制度效应	统计年鉴数据分析、多元线性模型分析
	农业科技成果转化与知识产权保护效应的协同作用		
	知识产权保护效应对乡村地区经济振兴的促进作用		
农业科技型小微企业创业绩效提升的跨层次传导机制——基于扎根理论的多案例分析	不同层面因素对乡村创业绩效影响	制度理论、组织社会学、经济社会学理论等	问卷调研、纵向研究、定期收集数据、多元线性模型、结构方程模型
	制度创业的调节作用		
	先前经验、创业承诺、产业集群等因素的总体作用机制		
政策启示	乡村创业人才积极参与乡村振兴	区域经济发展理论、乡村创业理论等	理论分析及统计年鉴数据的描述统计分析
	乡村创业能人如何在农业现代化过程中寻找乡村创业机会		
	如何利用现代数字技术和智能技术助推乡村创业		
	地方政府如何配合国家乡村振兴战略积极主动干事创业		

资料来源：作者根据相关文献整理。

三、研究内容

当前，我国农村地区市场发展速度非常快，创业活动具有较大的潜力。

因此，有关中国情境下的乡村创业研究也开始逐渐增加，无论从理论层面还是政府政策层面，探讨有效提升乡村创业绩效的途径和对策已经成为乡村创业管理研究的重要议题。为此，本书将基于先前经验、制度创业、知识溢出、产业集群以及农业科技转化与扩散等视角，以湖北省为例：（1）运用创业相关理论来分析乡村创业人员的群体特征、乡村创业动机以及返乡人员创业模式选择；（2）从先前经验的广度和深度，多个角度探讨乡村创业者先前经验对创业成长模式选择的影响，以及其对乡村创业绩效的作用机制；（3）分析乡村创业过程中龙头农业企业的创业示范所产生的知识外溢效应对于产业集群式发展模式选择的作用机制；（4）从知识产权保护的视角出发，讨论农业科技成果转化对于乡村经济振兴的作用机制；（5）从组织社会学和新制度学派的理论视角出发，通过案例企业获得的质性数据，检验乡村创业从个体（群体特征、先前经验）、组织及制度层面因素（知识外溢、产业集群发展及制度创业等）对乡村创业绩效的传导机理；（6）根据以上理论和实证研究结论，为乡村振兴提出针对性政策建议。

图1-1为本书的总体研究框架。

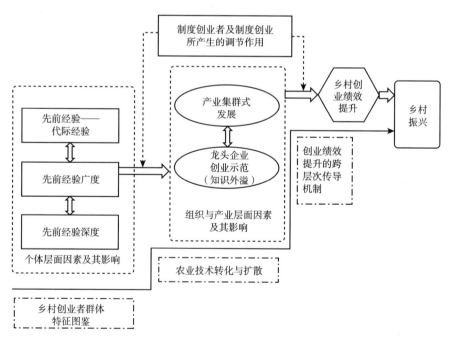

图1-1 总体研究框架

1. 乡村创业者群体特征、动机及创业精神分析

乡村创业活动与一般创业区别在于农村环境对创业过程的影响（Deller et al.，2019），故而，乡村创业具有其基本的区域或环境因素特征。农村地区主要是指那些从事多种农业活动，如农场、乡村、小镇、区域中心和工业化农村区域，以及从事广泛相关活动的农业、商业、服务业和小型、中型工业生产活动的所有区域。因此，受上述环境影响，乡村创业者具有其独特群体特征。中国乡村创业也有其内在和外在动机，从先前经验的角度出发讨论乡村创业个体层面影响因素将是一个有益的尝试（见图1–2）。

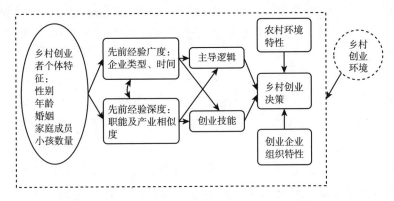

图1–2　乡村创业者返乡创业影响因素及其决策机制

（1）乡村创业者的群体特征。已有研究表明乡村创业群体具有自己独特的特性，伴随新时期我国乡村创业活动的兴起与发展，以及农村环境的动态变化和农民生存压力的不断增大，乡村创业个体层面的影响因素到底有哪些，需要进一步深入研究。我国农民为何选择返乡创业，而不是在沿海发达地区或异地创业呢？影响返乡创业的个体层面的决定因素有哪些？本部分将尝试探讨乡村创业群体"性别、年龄、教育程度和创业精神"等特征对于创业决策的影响。

（2）先前经验多重维度研究。已有研究显示，先前经验对于创业效果的影响呈现不同的结果，其中包括样本选择、研究对象差异、行业选择差异等因素的影响。需要注意的是，产生不一致研究结论的一个很重要原因在于并未挖掘出"先前经验"在不同维度上的差异。显然，现有研究并未区分"先前经验"这一变量的情境因素，突出表现在测量"先前经验"这一变量时许多研究将先前经验这一变量视为二分离散型变量，或者就仅用工作或创业时间这一个变量来衡量。简言之，他们在统计这些先前经验数据时并未详细区

分先前经验的"广度与深度"。针对乡村创业者差异特性，从乡村创业者个体先前经验的"广度和深度"差异入手，分析先前经验不同维度对于创业决策选择的影响作用，并针对乡村创业者个体先前经验差异寻求不同的提升创业绩效方法和途径。

乡村创业者先前经验的维度拟从以下两个方面来考虑：

一是先前经验广度分析之代际经验：父母等前辈所积累的创业经验；先前工作企业规模大小；先前工作企业类型；先前曾创立企业个数以及创业时间。

二是先前经验深度分析之先前相似产业经验：以前企业中创业经验与当前创业企业的匹配度；先前相似职能经验：以前和当前企业相关职能部门管理经验匹配度。

2. 先前经验、知识溢出以及产业集群发展的作用机制

创业者先前经验是一个相对静态的存量，需要一定途径和方式来激活（张玉利和王晓文，2011），由行业中或区域中的龙头企业所产生的知识溢出效应和示范效应，可以有效调动创业者先前经验，减少创业失败的比例；产业链中众多中小创业者的集聚所形成的产业集群和集群效应，显然会对产业知识外溢速度、研发风险和成本分担以及产业转型升级产生一定程度的影响。

（1）先前经验的激活途径。乡村创业过程中，需要不断地将个体积累的代际经验、产业中的创业先前经验和职能管理经验有效激活，并转化应用到当前和未来的创业活动中。然而，如何来激活这些存量知识和经验，并有效转化，通过知识溢出和产业集群化发展则是有效尝试。那么，如何通过创业成功的农业龙头示范企业的带动来激活乡村创业者的先前经验存量知识，并转化为实际的创业行动？可通过知识溢出效应，促进众多中小微型农业创业企业在某一区域或产业内形成聚集，并助推农业创业企业的成长。本部分将重点研究这一激活和转化机制的运作规律。

（2）知识溢出与产业集群发展的互动作用机理。众所周知，产业集群可以促进产业内新企业的诞生，在产业集群内由于知识和技术等内隐知识随着员工间的交流和流动而不断外溢，与此同时，产业集群的形成更容易吸引更多新的人才进入现有产业，并增强本产业知识和技术的深度和广度。毫无疑问，乡村创业过程中要关注知识外溢和产业集群发展的互动作用关系机理（见图1-3）。

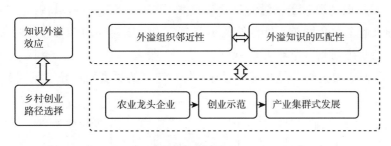

图 1 – 3　知识外溢与集群发展的互动与匹配

（3）先前经验与产业集群发展：知识外溢的中介作用与制度创业的调节作用。乡村创业者拥有非常丰富的产业经验或创业经验，为何一些创业者能够成功，另外一些却不能？乡村创业者选择在相对成熟的产业集群中开展创业实践活动，却会因为一些制度或政策落实不到位或政策不够匹配而停滞不前。显然，这关系到知识外溢对于先前经验的激活与转化方式差异的中介影响，以及制度创业实践对于现行创业扶持政策的影响进而对创业路径选择产生调节作用。

从知识外溢和制度创业的视角出发，采用实地问卷调研和制度创业的典型多案例研究相结合的研究方法，获取乡村创业的一手数据，并结合湖北省当地特色农业产业集群的相关数据，进一步验证乡村创业者的先前经验对创业模式选择的内在联系，构建"先前经验—知识外溢—产业集群发展"理论关系，并检验知识外溢中介假设和制度创业的调节作用假设。

知识外溢变量：借鉴马姆伯格和马斯克尔（Malmberg and Maskell，2002）、张永强（2014）等的研究，从知识临近性和组织临近性两个维度出发，分别用二阶 3 个子指标来进行测量，所有量表将采取李克特（Likert）五分量表来进行。

产业集群变量：根据加德等（Gadde et al.，2003）对于产业集群研究，从产业集群规模、集群内成员企业个数、集群成员企业贡献资源量以及集群企业资源禀赋等多个维度来进行衡量特色农业产业集群的发展状态。

3. 知识外溢、产业集群对乡村创业绩效的作用机制：制度创业的调节作用

知识和技术的外溢使得更多小微型企业的快速跟进从而产生集聚效应，产业集群又会为创业型小微企业成长提供更多的知识外溢增量，似乎非常有利于提升企业的创业绩效。但现实情况是否如此乐观需要客观数据加以验证，因此本部分将重点关注知识外溢以及产业集群可能对乡村创业绩效的影响机制。

（1）知识外溢对于乡村创业绩效的作用关系。在农村区域内，一些创业成功的农业企业会形成一种自然的示范效应，一段时间内能够吸引更多农民返乡争相效仿创业示范企业的成功模式，一般来说能够提升乡村创业绩效。然而，我们需要关注的是知识外溢存在的位势和关联度的差异（见图1-4）。

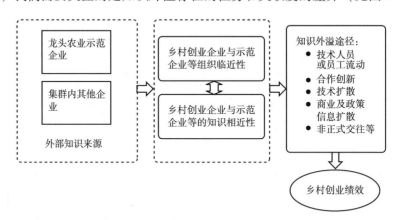

图1-4　知识外溢（组织临近与知识相似性）对于乡村创业绩效的影响

在有关文献基础之上，进一步设计不同维度知识外溢量表，通过访谈和问卷形式收集相关数据，从而实证分析知识外溢对于乡村创业绩效的作用机制。

（2）产业集群对乡村创业绩效的作用关系：制度创业的调节作用。在特定的历史时期，一些学者发现在地理位置、技术外溢特征相似的两个区域之间，会因为制度、产业政策体系或文化差异，导致在不同集群中创业绩效水平的不同（Saxenian，1994）。例如，一段时间内美国硅谷地区的科技型企业成长速度明显高于128号公路地区的科技型企业，具体原因有两个：一是隐性知识外溢的高度依赖导致集群知识的锁定效应；二是制度的非协调性对于集群效应的抑制作用。显然，产业集群对于乡村创业绩效的影响作用，需要充分考察制度创业活动可能带来的调节作用，如单一个体的制度创业实践活动可能很难改变现有制度刚性，并对创业制度环境产生影响，产业集群发展所带来的影响相比于单一个体企业来讲毫无疑问会更大，影响更深远（Maryann et al.，2005）。显然，产业集群的形成呈现一定的阶段性，在产业集群形成的不同阶段，制度创业对于现有制度或政策的影响，以及新制度或政策的形成有一定的滞后效应。故而，乡村创业的绩效水平将会因制度创业不同阶段的调节作用呈现差异性（见图1-5）。

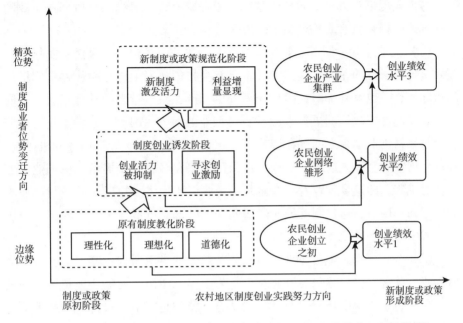

图 1 – 5　产业集群对乡村创业绩效作用关系：制度创业调节效应（初始模型）

　　基于知识溢出效应与产业集群发展的交互作用对于乡村创业绩效的影响，分析制度创业实践活动在不同阶段呈现出的不同调节作用。本部分将纵向跟踪乡村创业活动中创业扶持政策的变迁状况，通过纵向案例追踪的方法来收集一手资料，并检验本模型的有效性。

　　4. 先前经验、制度创业与乡村创业绩效的纵向研究

　　现有关于乡村创业的研究多选择从经济学角度出发而较少选择从创业管理或企业战略角度展开研究。我国乡村创业研究尚处于探索和理论借鉴阶段，暂未提出一些适合中国"农业、农村和农民"情境的本土化乡村创业理论。另外，现实中，从中央到地方政府一系列农民工返乡创业扶持政策依然存在很多不足，例如，胡雯（2014）领导的课题组调研发现，返乡创业农民工"办事难""负担重"等制度性和政策性障碍依然存在，这与政府鼓励、引导和扶持创业制度及政策预期相偏离，返乡创业软环境与乡村创业者心理预期落差还相对较大。故而本部分的研究内容将从以下两个方面展开：一方面，从创业理论视角出发，从创业者的先前经验这一先导性变量着手，分析创业者个体特征对创业绩效的影响作用，进一步着重研究中国农村情境下的制度创业实践活动可能对创业绩效所带来的影响作用，并最终建构适合中国情境

的乡村创业理论。另一方面，通过纵向跟踪研究，针对我国乡村创业企业的成长规律向相关政府或政策制定部门提出政策建议。

（1）先前经验、制度创业与乡村创业绩效的路径模型。显然，乡村创业绩效呈现阶段性的差异，这其中既暗含有乡村创业者个体经验从存量到增量的边际增长，也有外部因素诸如知识外溢和产业集群带来的外部正效应，同时，需要制度或政策的更新来激发乡村创业的潜力。因此，制度创业在先前经验与乡村创业绩效之间存在调节效应。一是揭示乡村创业的内在动机机制，即返乡创业者个体先前经验对创业绩效的因果路径；二是揭示乡村创业的外部动力机制，即返乡创业者在农业龙头企业创业示范（知识外溢）与产业集群的互动作用下，通过制度创业营造匹配的外部制度或政策环境的调节作用所形成的因果路径模型。

（2）先前经验、制度创业与乡村创业绩效的纵向研究。鉴于本书涉及乡村创业人员这一较为特殊的研究对象，为了揭示中国乡村创业独特规律，纵向研究（也称为追踪研究）显然更为适合，特别是在中国农村这一最大情境场域之中，需要通过长期追踪研究来科学揭示假设变量之间的因果逻辑关系。因此，本部分的追踪研究将采用典型多案例研究方法，深度挖掘乡村创业过程的内在机制（见图1-6），通过质性分析（三级编码）构建具有中国本土特色的乡村创业理论。

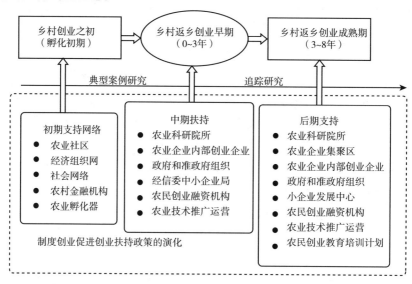

图1-6　乡村创业的（纵向）追踪研究

　　选择具有代表性的乡村创业企业，持续跟踪其创业活动（至少追踪 3 年以上），每 3 个月现场收集一次一手数据，直至达到本质性分析所要求原始资料的饱和度。通过纵向研究及实证检验，进一步完善所建构之中国情境下的本土化乡村创业理论。

　　（3）促进返乡、本乡等人员乡村创业的相关政策分析。通过已有关于乡村创业扶持政策效果来看，相关政府部门和社会各界对农民工返乡创业认识还不够，扶持政策靶向性较弱、惠及面较窄，各地依然存在"招大引强"偏好，返乡创业企业在政策上与外商企业和大企业有所区别。姚莉萍和朱红根（2016）利用江西省 1716 份农民返乡创业调查数据，从返乡农民工创业者视角，运用描述统计分析法了解这一群体对政府扶持乡村创业政策满意度进行评价，分析结果显示，已创业农民对创业制度扶持政策的总体满意度一般。显然，现有鼓励农民返乡创业政策没有兼顾农民这一创业群体的特殊性和差异性，乡村创业企业的成长所呈现出的阶段性特点，需要靶向性更强的创业激励政策和扶持政策，以实现农村地区优势资源的优化配置。借鉴贾康新供给经济学思想，以及基于中国基本国情所发展起来的农业"供给侧结构性改革"思路（贾康，2016），从供给侧的劳动力、制度因素出发，有效界定市场、政府、非政府组织等在激发乡村创业活动的各自作用，让政府扶持政策靶向性更强。一方面，鉴于在我国农村较为特殊情境场域，如中央政府的政策影响有限，地方基层政府权力相对较弱，通过挖掘乡村创业的潜力，激发农村地区的经济活力以形成制度创业氛围，通过积极的尝试和实验获得政府部门的认可（如天津市华明镇的"宅基地换地"创新模式），从而促进政府创业扶持政策进一步完善。另一方面，通过针对性的乡村创业教育来培养乡村创业正确的思维和技巧，并基于我国农村制度或政策特征构建符合我国国情的提升乡村创业绩效的政策支持体系。

四、研究技术路线

　　本书研究的技术路线见图 1-7。

研究思路   研究内容   研究方法/工具

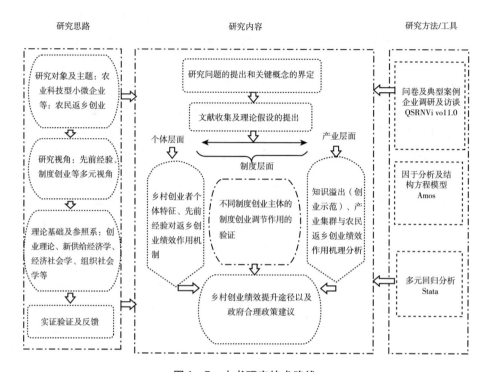

图1-7 本书研究技术路线

第二章　理论回顾及述评

随着越来越多国内外学者聚焦于乡村创业现象研究，但不容忽视的事实是国内有关乡村创业的理论成果还不够丰富，针对制度创业的研究还处于起步阶段，而乡村创业幸福绩效的实现机制研究还很缺乏。同时，乡村创业者在创业实践中也面临着诸多"瓶颈"和困难，如农业技术的高效转化与推广问题。本书从乡村创业者先前经验逻辑起点出发，以制度创业、科技成果转化、产业集群发展以及创业幸福绩效为分析重点，扎根中国乡村情境，探索有本土特色的乡村创业活动规律，为我国乡村创业理论的建构以及乡村振兴战略实施作出力所能及的贡献。这些贡献将主要体现在以下三个方面：第一，通过对乡村创业者群体特征及先前经验特征深入分析，能从多个层面揭示乡村创业真实内、外部动力；第二，从制度创业视角出发，讨论乡村创业者以及企业与政府全新的互动关系模式，并讨论乡村创业在不同层面如何产生幸福效应；第三，借鉴多学科的理论视角构建具有本土特色的乡村创业理论。

第一节　乡村创业相关研究

一、乡村创业者群体特征

无论是一般创业者还是乡村返乡创业者，他们均具有创业者共同的一些特征，如冒险精神（风险承担能力强）、创新精神、先动性（相对于其他就业者执行力和行动力更强）、机会感知的敏锐性以及一定的领导力和感召力（Lumpkin and Dess，1996）。那么，乡村创业者自身具有哪些特殊性呢？相对于在城市或异地创业群体来讲，我国返乡创业的农民工群体必然具有自身的特殊性。陶欣和庄晋财（2012）通过研究发现，返乡创业农民工普遍具有以下三个特征：（1）文化程度不高，一般为初中文化水平，创业知识相对贫乏，技能不太高；（2）返乡创业者受限于其资金实力和社会地位，一般风险承担能力较低；（3）返乡创业者的社会资本呈现强关联性，返乡之后会借助血缘、族缘关系等强关系网络开展创业活动。赵浩兴和张巧文（2011）对潜在创业农民工的调查研究显示，沿海地区较大比例农民工潜在创业群体63%的人年龄集中于19~30周岁，其中，"80后"农民工具有较强的自主创业愿望，在544个有效样本里愿意返乡创业的农民工占73%，其中，50%的农民工打算先在沿海积累资金、经验和人脉，等时机成熟后回乡创业。33%已返乡实施创业的农民工拥有3~4年的外出务工经历，并掌握了一定的专业技能和管理经验。由此可见，我国的返乡农民工创业群体多集中于"80后""90后"，一般较为理性和慎重，他们往往会倾向于选择先在较发达的沿海区域工作或创业，积累一定的资金、人脉和经验后再行创业之实。简言之，我国返乡创业农民工一般具有较为充实的社会资本和较为丰富的行业工作经验或创业经验。

二、乡村创业内在动机

经合组织（OECD，2006）曾对农村区域作出如下界定：人口密度低，一般是指每平方公里低于150名居民，且没有主要的城镇中心，村镇社区则一般就位于农村地区。正是基于以上农村地区人口密度低，相对偏远的特点，才导致农村面临一系列具体的社会经济问题及挑战：（1）人口外迁导致的农村社区空心化及老龄化；（2）普遍受教育程度较低；（3）平均劳动生产力较低的；（4）公共服务水平低，包括医疗、饮水、卫生、交通等（OECD，2006：24）。显然，农民工选择回乡创业，要么看中乡村区域或乡村市场所具有的独特自然资源禀赋或市场需求，要么则希望利用回乡创业来获得一定的社会地位和威望，抑或是家庭因素如小孩或老人需要照顾。托里米如和第欧库·阿德特意（Torimiro and Dionco-Adetayo，2005）的研究具有代表性，该研究从"儿童卷入"（乡村创业者对年幼儿童的牵挂）这一视角出发，分析了"儿童卷入"在乡村地区对乡村创业意愿或动机的影响作用。该研究通过对6个农村社区的110名儿童随机抽样并统计分析发现，儿童态度对于乡村创业行为的选择会产生影响，其中儿童的年龄、上学年限以及对父母的依赖程度等因素对父母的创业活动产生显著影响，而乡村创业者年龄、收入水平以及创业者子女个数更会将上述因素的影响（儿童的年龄、学龄以及父母依赖度因素）放大两倍。国内学者陈文超等（2014）通过对我国"返乡农民工调查"研究也证实了前文托里米如和第欧库·阿德特意的研究结论，他们通过对我国 2949 位返乡农民工的问卷调查发现，返乡农民工"是否有孩子"对返乡创业的动机具有显著的影响，与没有孩子的农民工相比，有孩子的农民工选择返乡创业活动的概率更高，要高出 53%，是没有孩子的农民工的 1.5倍。相比于经济回报、社会地位追求动机而言，返乡农民工创业可能更多了亲情考量，无论是国外学者，还是国内学者，对于农民选择在农村地区创业动机的认知达到了相对较高的一致性，亲情因素对于乡村创业动机的解释显然具有跨国界、跨文化的普适性。

由上述国内外学者的研究可知，乡村创业不能仅仅局限于经济因素的考虑，还应当考虑这些乡村创业的内驱力究竟是什么？并要考虑对乡村创业可能带来的实际影响。因此，我们不能忽视乡村创业者内心的潜在动机，特别是新生代返乡农民工，他们以"90 后"为主体，思维活跃，具有创新独立精神，有较强的自我效能感和自我价值实现意识（张秀娥等，2013），他们也有通过创业来改变乡村面貌、改变乡村人的命运、客观上推动乡村的系列改革（教育、文化、治理等）的内驱力！

三、乡村基本模式及类型

培养具有创业精神的新型农民是传统农业向现代农业转变的关键，而返乡农民工创业群体是乡村创业的主力军，为了提升创业成功的概率，农民工返乡创业需要有效的组织模式。农村产业集群作为一种产业组织形式，以本地资源为依托，通过创业的空间聚集、专业化分工和地域根植性，提高农民工等返乡创业的绩效水平。依据现有研究，结合当下乡村创业的经验模式，总结归纳出以下五种乡村创业基本模式：

1. 基于农民合作组织的集体创业模式

在农村地区，乡村创业面临人力资本、金融和社会资本等方面的多重约束（肖华芳和包晓岚，2011），其原因是没有形成合理的资源汇聚机制和使用机制，集体创业可以有效地缓解乡村创业过程中的约束，降低失败的概率。现实中，乡村创业者群体呈现越来越明显的组织化，因此，乡村创业组织化路径第一个阶段的关键在于发展一个有助于创新和集体行动的合作组织。

2. 基于产业集群组织协作的创业模式

依托特色地域农产品，通过模仿和创新组织模式，使无序的返乡农民工创业行为围绕某一产业形成有序的连接，形成产业集群组织，产业集群是解决分工好处和交易费用增加两难冲突的一种高效产业组织模式。作为社会网络根植性与社会资本形成的集群合作机制，通过协作降低返乡农民工创业者与其他经济主体之间的交易成本，组织演化是理解和把握农业产业集群发展脉络的一把"钥匙"（李春海、张文和彭牧青，2011），同时，农业集群的网络嵌入，将扩展返乡创业农民工自愿施用范围，获取学习机会和提升成长能力。

3. 基于"合作组织＋集群式发展"的创业模式

该模式是乡村创业者形成合作组织、组织内部协作形成集体创业行为，从而形成创业型农村合作组织，合作组织之间及其与外部经济组织建立基于协作创业的地方特色的产业集群组织，形成地方特色的"合作组织＋产业集群"两阶段的创业模式（邓俊森，2015）。该种路径特征融合了集体创业和协作创业两种创业组织模式的优点，使乡村创业具有更强的竞争优势。

4. 基于"农业互联网＋"的创业模式

该模式是新生代农民工返乡创业所偏爱的一种全新创业模式，主要是"80后""90后"新生代农民工基于求学和在外工作中所学到的互联网技术，借助互联网及信息，参与农、林、渔、牧等产业链经营的新型农业经营模式（喻晓马等，2016）。新生代返乡农民工多会选择以淘宝、京东等第三方电商平台作为农产品等产销流通渠道，通过互联网思维来启迪和带动农村地区广大农民的创业新范式。

5. 基于"多功能农场"模式的创业模式

通过社会化农场、绿色农场以及关爱农场等多功能化的农场模式来为一些较为特殊的群体（如学习障碍、社交障碍或者工作倦怠等青少年或老年群体）提供自然治愈的农场商业模式（Hassink et al，2016）［本书作者曾对英国胡弗汉顿市一个"汉诺威与胡弗汉顿市"（Hanover & Wolverhampton）家庭农场项目展开过实地调研，了解到与本部分所述类似的家庭农场］。但是，受商业模式创新与多样性的影响，在乡村创业模式讨论中，学者们还无法解释乡村创业者在创业模式选择上的决定性内、外部影响因素。

四、乡村创业宏观影响因素

近年来，我国沿海地区的众多企业或工厂普遍出现用工荒、招工难的问题，一些推动沿海经济发展的内地农民工纷纷返乡就业或创业已成为不争的事实，国家发改委规划司官员甚至一度利用"榨菜指数"来衡量我国华南地区的农民工返乡速度。那么，除了上文所分析的内在驱动因素外，究竟有哪些外在因素会影响农民工选择返乡创业呢？国内外学者进行了如下研究。

1. 经济繁荣"拉动说"与萧条"推动说"

农民工等选择返乡创业，外部经济因素的影响不容忽视。中东欧国家（如奥地利、匈牙利、捷克、斯洛伐克、斯洛文尼亚）的农业占据了欧洲农业的大部分份额，这些国家在经济发展过程中，农业地位也逐步衰落，但这些地区的乡村创业活动却逐渐活跃（Lang et al.，2014），原因在于这些中东欧国家经济的发展推动了当地人们对于乡村静谧环境的向往以及回归乡村"慢生活"的愿望，乡村农民的创业活动多围绕这些内容展开，显然，这些地区的乡村创业行为影响更多的是经济拉动因素。另外，针对发展中国家如越南的乡村小微企业创业研究，布儒斯和迭茨（Brünjes and Diez J R，2013）则从经济繁荣拉动和萧条推动两个影响因素出发，探讨农民工返乡创业行为的选择。他们选择越南中部地区的 110 个农村公社作为研究对象，通过对该地区农民开展创业活动的影响因素进行实证分析发现，经济发展得越好、越繁荣，农民越容易获得替代工作时，更容易在农村地区开展创业活动，这些创业一般属于机会型创业；在经济萧条时期，农民们因为缺乏创业启动资金和家庭储蓄，大多选择生存型创业方式，创业也是为了更体面地生存下去。实际上，早在 19 世纪中叶至 20 世纪初，俄国就已经开始注意鼓励乡村创业的重要性，1906 年俄国政治家斯托雷平担任大臣议会主席，决定在俄国推行实质性的农村改革，他主张改革原因在于通过自己多年农村基层工作经验观察到：在农村实际上缺少一批既生活在农村、关心农村进步，又懂得农业、掌握农业技术，并且踏实从事农业生产的中坚分子。他认为，正因为在农村缺乏这样的一批中坚分子，1861 年俄国废除农奴制后，农村出现了缺少"中心人物"的状况。主要原因是贵族地主有些迁到了城市，或者为了生活的舒适，或者为了让子女受到更好的教育，或者是为了从事工商业活动，或参加政界活动。斯托雷平基于以上状况提出以下农村改革思路：一是在农村中树立新的形象、新的中心人物——勤劳创业致富的农民；二是鼓励农民将自己的家庭农场从农村公社（集体）分离，单门独户，靠善于种植、善于经营、善于开拓市场而成为农业致富、创业能手（厉以宁，2016）。由此可见，农村当前所面临挑战和问题是一个公认的全球共性问题，要解决好以上问题，需要有力的政府政策引导，更需要有一批真正关注农业、具有创业能力的新农人投入到农业部门的创业实际行动中来，通过乡土乡韵价值开发、乡村旅游、家庭农场、有机农产品种养等模式来集中开发农村特有资源，带动乡村创业、就业乃至致富，以此推动农村区域经济快速发展。

2. 政策"刺激论"

国内外学者多从政府政策层面出发探讨政府的财政、金融、税收减免等优惠政策对农民选择创业所产生的有效刺激作用（陈文超等，2014）。国务院发展研究中心课题组2008年底调查也发现，在部分产业转型、转移推动下，一些地方政府的创业扶持政策，造就了部分地区农民工返乡创业的热潮。当然，还有学者如村上直树（2010）认为，我国针对农民返乡创业的扶持政策力度还应该加大，政府需要协调和配置更多资源对农民工返乡创业打造更好的政策环境。张秀娥等（2013）还特别强调政府应该加大财政投入，对新生代农民工返乡创业中的各类费用给予补贴，重视农村基础设施建设，成立创业指导中心，创建"返乡创业园""创业基地"；创新金融体制，加快信贷改革，鼓励商业银行到农村设立营业网点，为新生代农民工提供创业贷款并放宽贷款抵押的范围，鼓励行业协会等中介机构为返乡创业的新生代农民工进行信用担保。

国内学者胡雯所领导的课题组，针对四川省的返乡农民创业扶持政策效应进行了实证调查，发现返乡创业10项扶持政策的重要度及其利用过程的难易度测评结果，对创业者最重要的5项政策依次是财税、金融、绿色通道、基础设施和用地，最难利用和落实力度最差的5项是金融、技术、用地、创业培训和产业。重要程度越高但利用、落实力度越差的政策，正是当前返乡创业者最为需求并亟须突破的政策"瓶颈"。但长期来看，专门针对现实困难的个别领域孤立的制度改革，在作为具有内在一致和刚性特征的城乡二元分割的制度系统中，很难取得显著的成效。扶持农民工返乡创业既需及时建立完善且具有时效性、操作性的短期政策体系，着力破解当前的迫切困难，更需通过核心领域的制度变革引发一系列综合配套改革，并最终实现城乡一体的政策、制度体系，构建长效促进机制。

3. 劳动力市场"二元分割说"

在特定的历史条件下，新中国成立之初服从于"重工化优先"的国家战略布局，以及后期所形成的制度变迁，客观上造成了城乡二元分割的局面，并导致城乡发展的严重失衡。当然这并非市场自发形成，更多是政府"城乡分治、重城轻乡"的制度安排和政策效应所致（胡雯，2014），也是政府通过超经济力量构建起的一种城乡间不对等经济社会关系和市场改革在城乡间非均衡推进的结果。城乡二元分割也必然会引致城乡劳动力市场的不均衡，特别是人才结构的不均衡，绝大部分居住于乡村的劳动力普遍受教育程度不高，难以从事需要具备复杂知识背景和技术能力的工作，城市居民因为较好的公共服务体系和教育基础，以及国家对于城市建设投入的重视，更容易获得就业和创业的机会。相反，乡村劳动力却不能获得相似的机会，故而需要进城获得就业机会，其中，无非两种途径：一是从农村到城市接受更高的教育或接受较为系统的职业技术培训；二是从事需要繁重体力劳动的工作。那么，如何打破这种城乡二元分割和劳动力市场分割的局面，部分学者认为农民工通过创业途径来矫正劳动力市场中所遭遇的不公正待遇，也是克服个人职业发展不稳定性一种非常好的尝试，返乡农民工能够通过创业将不利条件转化为优势资源（Brettell，2005），并将农民工返乡创业视为一种向上流动，打破城乡不均衡发展的第三种路径。

综上所述，在过去20多年，乡村创业研究领域在世界范围内也是最具活力的领域。然而，农村创业研究主题却长期被主流研究学者们所忽视，通过检索和统计在国内外主流期刊上所发表的相关研究文献可以看到，乡村创业相关主题研究呈现出如下特征（见表2-1）：（1）农村这一特殊情境领域下的乡村创业研究成果多出自欧洲老牌发达国家，而发展中国家相对较少，英国和西班牙这两个国家的研究学者相对多产，核心研究主题集中在"组织特性、政策测量、制度框架和乡村治理等研究主题"；（2）有关乡村创业研究文献偏重于一般概念性、价值判断性以及归纳性阐释，与乡村创业主题相关的实证研究文章相对较少。根据尼尔森和温特（Nelson and Winter，1982）的建议，本书通过 Wiley，ScienceDirect，EBSCO 以及中国知网等文献检索数据共收集乡村创业相关主题的研究文章155篇，这些文章可分为四个大类：纯概念性文章、价值判断性文章、实证性文章、规范性文章。所收集到的论文多集中在前两类，后两类类文章相对较少（见图2-1）。（3）有关乡村创业主题研究领域的理论构建鲜见，这也说明乡村创业相关理论主体部分还处于初创阶段，这一现状势必影响未来能否有效界定该研究领域边界和研究议题的合适范围。

表 2 - 1   乡村创业相关代表性研究文献汇总

研究学者	研究类型		研究主题	相关结论
Carland et al. (1988)	类型之一：乡村创业概念性研究	纯概念性文章（定性）	乡村创业概念界定	强调乡村创业的农业背景、新技术、新服务和新产品的应用和介绍
Wortman (1990)		概念性文章（定性）	乡村创业概念及创业成长阶段性战略	从乡村创业过程和阶段出发分析创业不同阶段的针对性组织策略和扶持政策
Meccheri and Pelloni (2006)	类型之二：乡村创业者群体特征分析	核心变量关系探讨（定量）	乡村创业者的心理特征对于创业的影响	来自意大利山区实证分析：从出生、生存环境和农业企业成长等因素对于创业者心理的影响角度进行分析
Frear (2007)		规范性统计类文章（定量）	女性乡村创业者人口特征调查分析	针对美国宾夕法尼亚州农村地区的女性创业者的人口特征的调查，揭示该地区女性乡村创业者在年龄、教育、婚姻状况等方面对于创业行动的影响
张秀娥等 (2013)		概念性分析文章（定性）	新生代农民工返乡创业意愿	文章指出家乡人对新生代农民工返乡创业态度及返乡创业者的创业现状影响。新生代农民工返乡创业的主观规范、行为控制能力和主观态度
朱红根和解春艳 (2012)	类型之三：乡村创业动力因素研究	结构方程模型（定量）	农民返乡创业绩效影响因素探讨	文章以江西省农民工返乡创业企业的调查数据为依据，通过结构方程模型检验了农民工社会资本、服务环境和企业家能力对于返乡创业企业绩效的影响
陈文超等 (2014)		实证分析文章（定量）	农民工返乡创业的影响因素实地调研	文章通过2000多名返乡农民工的问卷调查数据分析影响其返乡创业的核心因素，提出扶持政策要具有针对性，即主要针对中年和接受过中等教育的返乡农民工

续表

研究学者	研究类型	研究主题	相关结论
Cabras & Bosworth (2014)	类型之三：乡村创业动力因素研究	访谈数据及二手数据分析（定量）	分析农村地区的小微企业数量减少原因和不良后果	文章通过收集英国西北部坎布里亚郡的农村小微企业数量减少的相关数据，指出小微企业在推动当地农村商业发展、农村就业等方面具有不可替代的作用
Sutters，Bruton and Chen (2019)		文献回顾（定性）	乡村创业对于脱贫的作用，满足幸福绩效追求	通过创业来作为消减贫困的手段；制度变革方法；改变资本唯上的商业假设
Galloway et al. (2011)	类型之四：乡村创业模式研究	实证分析文章（定量）	农村地区创业小微企业采用互联网技术对于内向型和外向型贸易选择的影响	文章针对苏格兰地区创业型农业小微企业使用互联网门户网站情况进行了实证分析发现：互联网技术对于创业型农业小微企业的重要性
Jack and Anderson (2002)		理论构建性文章（定性）	农民嵌入式创业	乡村创业过程对于嵌入方式的选择，关系嵌入和网络嵌入
Battisti et al. (2012)		实证分析文章（定量）	农业创业企业在经济衰退时期战略定位	文章从资源依赖和创业机会的视角出发，实证分析了 1411 家新西兰地区农业小微企业在经济不景气情境下保持持续的竞争优势的不同战略行为选择
Parzonko (2015)；Hassink et al. (2016)		案例分析（定性）	农村创业新模式	通过关爱农场等全新的社会创业模式出发，讨论未来乡村创业的新模式
Vaillant & Lafuente (2007)	类型之五：乡村创业政策或制度因素讨论	变量关系探讨（定量）	制度和政策框架	制度框架和条件对于乡村创业成功或失败的影响
Nastase & Lucaci (2018)		案例比较分析	创业政策	北欧地区相关农村地区创业的创新、创业以及现代技术对农村创业机会挖掘的影响

资料来源：本书作者根据相关文献整理所得。

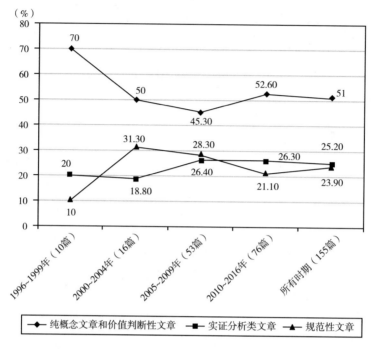

图 2-1　近几十年乡村创业研究文献特征统计

资料来源：作者根据收集文献统计而得。

第二节　先前经验相关研究

虽然先前经验在已有的创业研究中是较为成熟的研究主题，但是，将先前经验引入到返乡、在乡等人员的乡村创业研究情境中依然具有重要的理论和实践意义。众所周知，农民之所以选择进城务工在于其自身知识和技能素养等禀赋的限制，只能从事较为辛苦的基础性工作。然而，经过先前经验量的积累达到一定的程度，可能会带来质的飞越，故而，我们可以预见更多的返乡、入乡创业群体。本节将通过界定先前经验的内涵和维度，分析先前经验对于创业绩效的作用关系，以及先前经验的差异性体现能够帮助乡村创业教育工作者和地方政府采取针对性的措施来提升乡村创业技能和创业成功率。

一、先前经验内涵及其主要研究维度

1. 先前经验内涵

先前经验是个体在采取某种行动决策（如创业等）之前所积累的初始技能、知识和信息的重要组成部分（张玉利和王晓文，2011）。先前经验能够为个体提供较为隐性的知识和信息，促使个体可能比缺乏先前经验者采取更加迅速和有效的决策。在已有的创业研究文献中，创业者的先前经验等同创业者"技能"（Shepherd，2003；Clarysse，2011）。既然将经验视为一种技能，那么先前经验则自然会成为个体特征的重要构成部分。如个人在作相关决策之前一般会受其前期经历和当前情境影响，而特别是在决定是否选择创业时，更会被个体先前经验所影响：失业状态或家庭经历和承诺（Bird，1988）；选择创业也可能是因为个人人生经历使然，或者是某段时期的特殊事件发生对于个人志向的激发，如儿童时代的经历（Cox and Jennings，1995），星巴克咖啡创始人霍华德·舒尔茨因为小时候家里穷，圣诞节偷拿了咖啡店里咖啡而受父亲毒打，这段经历刻骨铭心进而使得舒尔茨从小立志创立自己的咖啡馆；最后则是个人工作历练的影响等等。通过学习理论文献可知，个体先前经验无论是消极的经验还是积极的经验都会对人的学习产生重要的启发作用，故而，许多连续创业者和惯常创业者均可能产生这样的"创业思维"：已有的先前经验会让连续或惯常创业者在发现创业机会时迅速抓住它们，并积极地采取行动。维克伦德和谢菲尔德（Wiklund and Shepherd，2008）研究发现，在瑞典有40%的创业者是连续创业者，尤佰萨仁等（Ucbasaran et al.，2006）则发现在英国的创业者中这一比例是51%。之所以会展现出以上现状，从认知心理学的视角出发，先前经验可以有效提升创业者的自我效能感，先前经验直接或间接参与企业创办过程，能够有效提升创业者自身对于个人创业能力或技能的预期水平（Clarysse，2011）。简言之，在创业研究领域，先前经验主要是指个体生活经历、先前家庭经历、教育历程、相关产业中参与企业管理经验、创业的经验中所汇集而成的个体创业技能或经验。

2. 先前经验的研究维度

先前经验在现有研究中会被经常用来做实证检验。先前经验这一概念的测量一般都比较接近，以钱德勒（Chandler，1996）的研究为例，他对先前经验的测量主要划分为两个维度：维度之一任务环境相似性，维度之二技术和能力的相似性，这两个维度对创业者先前经验同创业绩效水平有显著的调节效应。张玉利和王晓文（2011）将创业者的先前经验划分为三个重要维度：行业经验（主要是指创业之前在相关产业中参与企业运营和管理的知识，包括产品、流程、技术以及利益相关者关系维护的隐性知识）；创业经验（创业者创业之前拥有的曾创办企业的经历，是其连续和惯常创业的基础）；职能经验（指创业者之前曾在企业中从事过一般管理、市场营销以及生产管理等职能部门的工作，具有一定的管理经验，这部分知识有利于创业企业的正规化）。综合已有关于先前经验维度研究的主要内容，本项目将先前经验的主要维度进行归纳（见表2－2）。

表2－2 先前经验的主要研究维度及其研究结论归纳

先前经验 维度（类型）	维度内容示例	研究结论	研究学者
代际经验	父母曾创业或经营企业经验	父母代际经验对于创业企业的绩效作用关系有显著的也有不显著的；关键要看两代人创业业务间相似性和重合度	Dyke（1992）；Wasilczuk（2000）；陈文婷（2012）；朱红根和康兰媛（2014）
个人先前工作经验（总体）	作为员工或职业经理人员的经历，高水平管理经验的历练	先前工作经验利于新创企业做决策。无论是普通员工还是经理人员的经历，先前经验对创业企业绩效的作用关系并不明朗	Cooper等（1994）；Mccann和Folta（2012）
先前经验广度	先前企业规模——先前工作企业规模大小和企业类型	在大型企业工作过的经验对于创业绩效有较为显著的影响，小企业工作经验影响不显著，但显著结果的样本集中在高技术或资本密集型产业	Cooper and Bruno（1977）；Jun（2013）
	先前创业经验——先前创业企业的个数以及作为创业企业管理人员时间长短	先前创业经验分为创办企业经验（startup experience）和创业后企业经营经验（ownership experience），一些研究显示前者相比后者对创业绩效作用更明显，也有研究显示都有显著作用。关键在于创业经验的可匹配性和应用性	Box等（1993）；孙晨（2014）；赵文红和孙万清（2015）；Schiuma（2016）

续表

先前经验 维度（类型）	维度内容示例	研究结论	研究学者
先前经验深度	相似产业经验——利用从先前企业中从事服务、顾客、供应商、市场、技术等经验开展相似行业的创业活动；在与创业企业行业相近的先前企业工作时间长短；熟悉相近产业业务和市场程度等	相近或相似产业经验对于相似产业中创业企业的绩效有积极正向的影响作用。（其中服务、顾客、技术和供应商等的相似性对于创业绩效积极影响最明显；反而产业相近与否作为自变量时对于企业绩效作用不显著）	Sandberg and Hofer（1987）；杨俊等（2010）；Thiess 等（2016）
	相似职能经验——对企业相关职能部门的熟悉程度	创业者先前曾在相近业务企业中所积累的一般管理、营销管理和生产流程管理等职能经验对创业绩效有一定作用	Kennedy and Drennan（2001）；杜海东（2014）

资料来源：作者根据相关文献整理而得。

二、先前经验的差异性体现：广度和深度

在已有创业研究文献中，学者们都会将创业者个体差异视为决定一个人能否成为一个创业者的关键因素（Shane and Venkataraman，2000），尼科拉乌等（Nicolaou et al.，2008）的研究发现，个体差异会对诸如个人就业、创业或参与创业行为过程产生影响，这些个体间差异统计学上有时会高达60%——将环境影响因素考虑在内，如收入、教育、婚姻和种族状况等。换言之，在相近的收入、受教育程度的背景下，是否会选择创业决策，在不同人口特征或经验特征上是有巨大的差异的。已有研究表明，人与人之间的个体差异主要集中体现在两个非常重要的决定因素上：一是基因或遗传差异（Caveney and Brian，2011）；二是经验的差异（Shane，2010）。尼科拉乌等（Nicolaou et al.，2008）的研究发现，基因差异对于是否选择成为一个创业者意愿的影响高达60%，具体体现在个体对机会的发现、识别和开发能力上。谢恩（Shane，2010）的研究也发现，男性与女性在个体基因上的差别会对其是否可能成为创业者有重要的影响。与此同时，谢恩的研究也发现是否

拥有直接参与创业活动的经验对于其创业选择会产生影响，这一研究结论也从侧面印证了为何一些人会成为惯常创业者和连续创业者，而其他人却不可能。正是由于个体之间存在生活经历、创业经验和产业管理经验显著的差异，才会导致人们在真正实施创业行为时体现出不同的效果。那么，个体先前经验势必对创业绩效产生不同的作用结果，也就会出现表 2-2 中众多学者针对"先前经验对创业绩效作用"研究结论不一致的现象。个体间差异集中体现在先前经验存在"广度和深度"上。先前经验的"广度"主要是指创业者在创办企业和管理企业过程中经历了哪些不同情境：衰退、增长、波动或急剧增长（Baldwin et al.，1997）；先前经验"深度"是指创业者在相对稳定的市场环境中，能够开展某种相似活动或者重复做某种决策所能持续的时间长度（Reuber and Fischer，1999）。

三、先前经验对创业绩效的作用研究

现有研究发现，从事创业活动的创业者或团队先前一般都具有较为丰富的先前经验，先前经验包括先前行业工作经验、先前创业经验、先前行业职能管理经验以及先前接受过相关行业的教育培训经验等的总称。这些先前经验可以作为新创中小微企业的重要无形资产（Delmar and Shane，2006）。传统观点认为，先前经验对于创业产出有线性作用关系，即先前经验是创业者在长期的行业或创业过程中所积累的知识，这样的知识具有无形性、差异性和不可替代性等特征，因为这些知识在后期的创业活动中能够帮助创业者有效识别潜在行业风险，并能够积极应对创业过程中的各类挑战。不过，先前经验是否一定会对创业结果产生积极的作用学界并未获得一致性的研究结论。亚当斯等（Adams et al.，2017）对美国 936 家半导体产业高科技类企业在1997～2007 年的动态研究发现，创业经验对创业企业的绩效并不存在显著提升作用；巴普提斯塔等（Baptista et al.，2014）则通过美国社会保障和就业部门所提供的纵向数据（1986～2005）实证分析发现，先前创业经验会对创业成功产生较低的正向影响效果；温伯格等（Wennberg et al.，2010）通过 8年持续跟踪研究 1735 家新创瑞典企业及它们的创业者发现，富有经验的创业者会选择从已有企业中退出去开展创业活动，而且创业成功率非常高。

基于先前经验的"广度和深度"这一问题，一些学者进行了更为深入的研究，托夫特-凯勒等（Toft-Kehler et al.，2016）对先前经验进行了更为细致的研究统计。他们根据先前经验的多少将被调研的创业者群体划分为"缺乏经验的创业者"（一般是先前经验少于 1 年的创业者），"较多经验创业者"（一般是先前经验在 2~3 年的创业者）和"专家型创业者"（一般是先前经验多于 3 年以上者）。通过收集 2 万多家瑞典知识密集型企业的创业绩效数据发现，先前经验与创业企业的生存绩效呈现 U 形关系，而不是先前的简单线性作用关系，缺乏经验和丰富的先前经验对于创业生存绩效呈现负向作用关系，而适中先前经验则对其创业生存有积极的正向影响作用。

　　由此可见，现有有关先前经验对于创业产出影响的研究，虽然经历从简单的截面数据研究，到较为全面的纵向数据的持续跟踪研究，不仅分析了二者之间的线性关系，也分析了上述核心变量间的曲线关系，研究方法选择和变量的处理更加严谨和科学，也获得了许多具有启发性的研究结论。然而，这些研究并未揭示先前经验与创业过程之间的内在作用机理。换言之，在先前经验与创业行动付诸实施过程之间创业者的内心或者心理上会存在什么样的变化？一般而言，具有较为丰富的先前行业或创业经验的创业者拥有较高的创业技能，从而使得自身具有较高的自我效能感。当市场中创业机会出现时，具有较强创业导向的创业者具有较强的风险承担心理，并会利用自己的先动优势来积极开展创业活动。那么，这是否意味着具有较为丰富先前经验的创业者其创业承诺水平会更高？创业承诺是指创业者个人在心理上承诺参与全新社会经济活动（商业交互活动）的意愿强度。与创业承诺相近的一些概念诸如创业决策、创业倾向和创业导向，要么过于侧重于个体的单维度层面如创业决策；要么关注于多维度的个体直觉和理性思考；或者是从企业层面来考察创业的自主性、创新性、先动性、竞争性以及风险承担性。显而易见，创业承诺目的在于探讨个体意识层面对于行为的影响作用，它是整合组织行为学领域的组织承诺和创业相关研究理论所衍生出的全新概念。该概念在战略环境研究以及创业研究领域等得到了较为广泛的应用，创业学者们先后探讨了家族企业的继承者承诺、跨组织承诺、国际化承诺等议题。国外学术界对创业承诺的研究则相对丰富并为大多数学者所接受，而国内针对新创企业创业者的创业承诺相关研究并不多见。故而，本书在后续研究乡村创业行为和策略时，不仅考虑返乡创业者的先前经验对于创业绩效的影响，还将探讨创业者的自我效能以及创业承诺水平对于二者作用关系的调节或影响效应。

第三节　农业技术转化及扩散理论

　　技术作为一种社会进步的重要有限资源，在一国经济发展中一直扮演着不可替代的角色。当前，被世界所公认的创新型国家如美国、日本、德国等20多个国家其科技进步对于国民经济增长的贡献率（一些统计数据显示）高达70%，且明显高于其他国家（张斌等，2007）。近年来，我国采用国家农业科技园区发展的示范或试点模式，促进了我国农业技术的创新和农业技术转化效率的提高，根据我国科技部的统计数据显示，农业新科技成果转化率已达到70%，但与一些发达国家相比，大规模新技术的使用比率还比较低（李同昇和罗雅丽，2007）。显而易见，与农业相关的新发明、新技术，从其诞生到农户田间地头的实际种养，需要完整的配套转化机制，没有这些转化机制的保障，转化率的提高也是空中楼阁，无根之木。与此同时，农业技术相对于其他技术而言，其具有更为悠久的产生、转化、更替和扩散历史，而针对农业技术的相关转化和扩散理论则相当丰富和多样。

一、农业技术转化理论

　　发明的特征是新知识的产生；创新是将发明进一步推进到可以应用乃至商业化的重要一步；技术转化则是将创新技术真正落实到产业和商业化应用最为重要的一步。一项农业相关发明或新技术若仅仅停留在理论层面或实验室层面，那么，这样的技术无法为农业产业带来革命性的发展，这些发明或技术也就不会造福于社会，给人们带来福祉。农业新技术从其理论提出，到发明以及技术革新，最终到农业生产的实际应用，可能需要经过长期和复杂的转化过程，其间也可能历经失败到成功多次反复。

　　专利等技术成果数量作为一种相对静态存量指标，仅仅表征了一个社会或国家对于创新的投入力度和创新活跃程度，并不表明其创新转化效率的动态能力。专利等新成果在技术转化过程中涉及诸如高校、研发机构、政府、中介、企业技术人员乃至用户等多方利益主体，转化过程中有地理因素、区域政策、经济水平、智力资源、技术条件以及法律法规等因素的影响，这必然决定技术转化的效率高低，与此同时，技术的需求端以及供给端的相互匹配性也会影响这一转化率。农业技术的转化同样需要从这些方面进行考量。

1. 农业技术转化多元主体研究

随着现代农业技术的发展，农业技术转化的主体越来越呈现多元化的趋势（王铁军，2010）。总体而言，我国农业技术转化最大主体为政府，其次为非政府主体。比如，我国杂交水稻技术等具有重要战略地位农业技术的推广，政府的主导转化会发挥关键影响作用；其他小范围推广的具有地域特色的农业技术则更多倾向于非政府主体。

（1）以政府为主导的转化主体。具有典型代表性的国家如中国，将农业农村部农业技术推广部门作为农业科技成果转化推广体系的核心，该系统具有自上而下的转化特征，农业技术转化更多采用指令式，并服务国家总体的农业推广战略，与此同时，政府的宏观农业政策也服务于农业部门的主要推广战略。一般以政府为主导的农业技术转化成果多具有较强的创新性、可普遍推广性，自然产生的经济价值也非常高。

（2）以科研与高等教育机构为主导的转化主体。显然，科研机构、高校作为众多基础知识和应用知识产生的重要来源，以这些机构作为转化主体并推动相关技术的转化则是全世界所公认的有效机制。在欧美等发达国家，高校在完成基本的教学人才培养、科研任务之外，都认可学校还需要服务于地方经济和社会发展，从而推动高校需要考量如何去将众多科研人员的科研成果转化为现实的商业价值。马克曼等（Markman et al.，2005）针对美国高校技术转移办公室（OTL 或 TTO）的研究显示，这些国家的技术转化效率同这些主要转化主体所管理机构的有效运作有重要关联。以斯坦福大学为例，该校的 OTL 办公室对该校科研人员的专利或技术产生的收益在提取 15% 的基本运营和管理费用之后，则将剩余的利润按照"三三制"形式进行划分：1/3收益归专利或技术所有者科研人员所在学院；1/3 收益归科研人员所在系；1/3 归科研人员个人。国内学者范晓波和钟灿涛（2014）的研究显示，我国高校的技术转让收益分配机制对于个体科研人员的奖励力度非常大，以中国农业大学为例，科研人员个人可以对利润分成 70%，并鼓励科研人员将技术入股实体企业。这些措施必将极大调动广大科研人员进行技术转化的积极性。另外一些高校或科研机构，还会采用高校控股、公司化独立运行技术转移的形式，等等。这些形式都有利于提升技术转化的效率。

（3）以市场中介为主导的转化主体。该转化主体的主要特征是纯市场化的操作主体，一般与政府、高校或科研院所没有关联的私有化技术或专利管理和转化公司。这些企业可能是农业企业的龙头企业，其技术或产品在市场上已获得成功，这些企业或中介在相关农业技术的研发、应用和转化上发挥着重要作用（屈晓娟等，2013）。

2. 农业技术转化模式研究

当前，农业知识及技术已成为现代农业和农村发展核心影响因素。对于农业技术和知识，农业生产从业者需要应对全新的社会和环境挑战：如农村剩余劳动力的减少以及向城市的转移，导致农业从业人员的锐减；全球气候的变化、自然资源的保护诉求、粮食等种植减少农药使用等，这些全新的变化需要农业从业人员必须转变思维，并采取全新的技术和生产体系来应对。对于乡村创业活动来说，这种在农业领域的创新和创业行为更需要积极主动的升级现有农业生产技术和方法，从而提升农业生产效率和回报。然而，这些农业领域内的创业主体如何选择适合的农业技术转化模式，需要进行深入和详细的讨论。

（1）农业技术转化模式之一：公共政府部门的转化模式。总体而言，鉴于农业技术在基础、开发以及应用上的差异，农业科技成果的转化是一个相对复杂和漫长的过程，并且需要对农业技术项目进行连续不断的人力、物力以及资金的投入，故而，在我国当前的农业技术开发体系中，国家和政府基本处于农业技术开发项目以及资金的主体供给地位。我国农业农村部农技推广中心作为农业技术推广的主要载体，同时，也是我国农业技术转化的最核心的机构。在以政府农业技术推广的宏观目标的指引之下，我国政府所主导的农业技术成果转化和推广体系（其包含有农业农村部下属的农业技术推广体系、涉农高等院校以及科研院所等）一般会通过遴选一些农业生产应用前景广阔、具有广泛社会效益的农业技术项目进行推广，如我国的杂交水稻种植技术、双低油菜籽种植等一般采用的是指令推广模式（刘忠强等，2011），出台政府政策和规定来进行强行推广，当然，在一定的历史时期，可以在较短时间内收到良好的技术推广效果，这种方式也值得肯定。

与我国农业技术转化模式不同的是欧洲一些主要发达国家，如英国、比利时、意大利及荷兰，它们的农业技术转化主要由技术更新与转化前端组织（Front Office）和基础技术研发和转化后端组织（Back Office）来进行主导（Prager et al.，2016）。对于第一个维度的技术转化机制，其主要侧重于农业技术咨询与一线农民之间的互动关系构建，换言之，农业技术转化效率的高低与好坏非常重要的影响因素在于 Front Office 运作的顺畅程度，其中包含有与农业技术转化相关的从业人员农民、会计、律师以及融资顾问。如果农民同技术转化咨询人员能够建立起好的信任关系，那么，更能够清晰地展示农民在农作物种植或农业生产中所面临的实际困难和问题，这为后续针对性的农业技术改进和推广方案的提出奠定了坚实的基础。对于第二个维度 Back Office，这部分的活动主要包含有 R&D 投入，农业技术培训和知识交换活动（包含有不同的农业技术类企业或政府研发机构），因为这部分涉及农业隐性技术和知识的编码与转化问题（如农业实验、农业数据库的构建）。欧洲国家这种农业技术转化模式的选择是基于政府公共部门开支控制的考量，不同性质的技术转化环节和任务需要不同的组织与机构来完成，故而，Front Office 和 Back office 模式基本涵盖公共部门、非政府组织以及私营机构。在由这些机构构成的农业技术转化模式之中，政府公共部门主要提供技术转化和咨询的规则、研究项目议题，并适当提供公共资源；私营组织机构通过农业技术和知识的供给向政府、非政府组织机构获取盈利，从而通过各自基于优势资源和特点的分工来提升农业技术成果转化的效率。

（2）农业技术转化模式之二：私人部门技术转化模式。尽管我国政府主导的农业技术或科技成果转化模式在一定历史时期发挥着非常重要的作用，但是，不可忽视的一个事实是政府在相关技术转化和推广中的资金和人员非常有限，一定程度上还很短缺，国家在县级以下的农业技术转化和推广机构接收到的财政补贴不到 14%（屈晓娟、邵展翅和王彦飞，2013）。有限资金和人力投入，可能无法满足现代农业对于新技术革新以及新技术成果转化的巨大需求。故而，营利性的民营和私人技术转化组织的加入，对我国政府主导的农业技术转化体系是一个重要的补充。私人部门拥有相对灵活的资金和决策方式，能够提升相关农业技术转化的速度和效率，这无疑是有利于我国现代农业生产的发展和全新农业技术的扩散。

私人部门技术推广模式的主力在中国农村地区主要是一些在当地处于龙头示范作用的农业原材料及生产辅助材料供给、农产品生产等企业，它们往往同农业生产活动紧密相连，相关技术转化与推广必须依赖自身企业研发和技术员工长期同一线农业生产保持密切的联系和沟通。例如，以湖北新洋丰肥业股份有限公司为例，2019 年 3 月，该公司积极主动同上海化工研究院以及金正大生态公司等其他科研院所和农业相关经营公司合作，参与国家重点项目工信部着力开发高效、功能化及绿色环境友好型肥料产品。通过公司来开发和转化新型肥料生产技术成果，并利用企业农化服务体系、营销体系推广和宣传其新产品。该种模式可以有效整合私营部门的生产基础和服务体系、科研部门的研发优势，也能够打造相关技术成果从开发、试制、量产以及农业市场推广的完整链条①。显然，这种完整转化推广体系非常有利于提升农业技术成果转化的实际质量与效果。

当然，私人部门技术转化模式中的主体除国内一般民营企业，还包含有外资企业、中外合资企业以及咨询组织机构等，它们同政府主导的技术成果转化模式形成了相对完善的技术转化体系。

（3）农业技术转化模式之三：自发组织技术转化模式（农业技术合作社等）。对于一些大型农业项目，投资和生产条件要求高的农业技术成果，其转化的风险以及成本一般非常高，投资的回收期等也会比较长，故而，政府部门主导以及一些较大农业企业集团或示范企业的参与相对来说更加合理。现实中，同样也存在一些区域性的、具有局部推广意义的农业技术成果，其开发和转化不需要在全国范围进行。那么，具有独特地域特征的农业技术，应该选择何种转化模式更合适就需要进行探讨。

目前，在我国广大的农村地区存在相当数量的农业/农民技术合作社或协会、家庭农场等，这些经济主体或合作组织，扎根于农业生产的最前沿，了解相关农业生产活动的自然、市场以及信息等风险（许爱萍和雷盯函，2016），相关农业技术在农业的产前、产中及产后的转化实施的监控均具有其他农业技术转化主体所不具备的优势。显然，农业技术成果转化与推广总体系应为：政府的农业发展战略指引—科研院所—公司—基地—农业技术合作协会（农技推广站）—农民。农业技术合作协会或合作社这一组织利用紧贴实践的优势把控相关技术转化过程中地域性、周期性等风险，从而提升农业科技成果转化的针对性和高效性。

3. 农业技术转化特征研究

农业技术转化的过程其本质是农业技术的创新应用过程，换言之，就是在农业生产中，创造或改良农业品种、实施全新的生产流程或方法、发现新的农业产品市场、创新原材料使用、农业技术转化组织的创新等（董君，2012）。相比于一般技术转化过程，农业技术的转化具有高风险、周期长、投入大及外部自然条件要求高的总体特征。总体而言，农业技术转化具有以下几个重要的特征。

---

① 湖北新洋丰肥业股份有限公司官网，http：//www.xinyf.com/news_detail/newsId=4344.html.

（1）农业科技成果转化组织结构及内部协调较为复杂。由于在整个农业科技成果转化体系中，包含政府、非营利组织、公司、农民合作组织以及最终开展农业生产的农民，这些不同的转化主体在整体的转化体系中往往扮演着不同的角色，担负着不同的责任。同时，要协调不同主体之间、组织之间的互动（沟通和交流）还比较困难。在我国，特别是在农业科技成果转化的最末端应用主体受限于其教育程度（绝大部分为小学文化程度），而处于中端的农技推广人员的文化程度也远远低于西方主要发达国家，如美国，州以上的农技转化科技人员30%拥有博士学位，地区级技术转化和推广人员60%拥有硕士学位（许爱萍和雷盯函，2016）。显然，相对复杂的农业技术的转化与推广，必须克服知识与技能短板和障碍，那么，高素质的农技推广与转化人才则是必要条件。正是由于农业技术转化主体过于复杂，以及转化组织协调的困难，才会引致农业技术转化效率不高或种种问题。

（2）农业技术转化流程或难易度因农业具体产业不同而相异。农业科技成果应用的范围非常广泛，基本囊括了与农业相关的几大产业，如关系到国计民生的粮食、食用油料作物、水果蔬菜等，这些农作物从品种、抗病、除害等都有较为具体的技术，这类技术成果的转化既需要考虑农作物的市场价值等，还要考量与这类农作物的培育、种植等其他辅助性技术，并要考虑该类作物种植地域气候特征等自然环境的影响因素（薛庆林，2009）。此类技术的转化因为涉及面一般非常广，如杂交水稻种植技术、改良小麦种植技术、双低油菜种植技术等，这些技术成果的转化、推广需要政府主导的技术推广和转化组织的大力配合，辅之以私营企业、种子公司的市场宣传推广。

对于畜牧养殖业、农业机械制造业等行业的技术的转化相对于种植业其技术内容、种类等则更加多元、复杂甚至跨行业。畜牧养殖业显然包含有动物配种、选育、饲养、疾病防疫、兽医药等各个环节，均包含有更加复杂的技术转化、应用的需求；农业机械制造行业的技术转化则既包含农业生产技术的应用转化，也包含工业机械制造技术。故而，这类技术成果从研发到转化流程更复杂，转化过程中资金投入更大，涉及的研发主体、转化主体更加多元，转化周期也会更长。故而，既需要研发机构、政府主体的协调，还需要各层面私营企业的全程参与。

（3）农业技术转化扩散呈现阶段化以及曲线速率特征。正如克莱顿·克里斯坦森在其新书《创新者的窘境》中所描述的创新路径：无论是渐进性创新还是破坏性创新，其创新技术的应用和转化过程均呈现"S"形（见图2-2）。

受制于农业技术应用的长期性，以及技术受体对于农业技术成果的理解和接收的渐进性，总体而言，在不同产业领域、地理区域内，农业技术的转化扩散一般会呈现阶段化、曲线特征。一项农业创新技术从其最先提出，到最终的落地转化和推广需要较长的时间，以种植养殖业为例，模式化栽培技术、稻蛙生态种养技术等这些全新技术的采用往往需要根据技术本身被农民理解和掌握的难易程度来决定，且由于这类技术成果囊括有品种特性、经济作物及动物的生产发育、用肥等知识。一般而言，从开始转化到推广需要较长的时间（4~5年）；后续随着少数农业示范户以及具有较高文化水平农民种养成功，创新扩散的速率加快，更多的农户加入推动该技术快速转化和应用，总体而言，处于该阶段所需要的时间较初始转化期所耗费的时间更短（2年左右）。随着相关技术的深度转化，在应用过程中随之会产生一些新的技术问题，那么，技术的转化速度和技术接受度又会随着时间的推移而减缓。

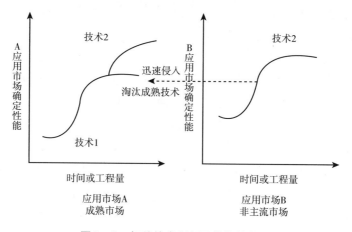

图 2-2　相关技术创新及转化的曲线

资料来源：［美］克莱顿·克里斯坦森. 创新者的窘境［M］. 胡建桥译, 北京：中信出版社, 2010.

二、农业技术扩散理论

农业生产活动的独特性在于生产的基础性生物过程由其所处的自然环境所决定或影响，故而，农业技术的开发效率既要注重同既定环境或条件相符，还要考虑外在的相关市场、产品价格的影响因素。基于以上原因，农业技术的扩散具有独特地域或区域依赖性，同时其技术的扩散方向和范围也就可能局限于某一区域范围内。当然这里的自然环境或条件不仅限于纯粹的环境，其还包含有通过相关组织开展农业灌溉、水利、道路等基础设施所建设的人工环境。农业技术要在一定区域内进行扩散一般需要满足以下两个条件：（1）所开发的农业技术能够适应不同的本地环境；（2）对应用农业技术所在地的环境条件进行调整，使得现有环境与农业技术适用的原有环境相似和相匹配（Yujiro，1974）。李俊利（2011）在分析农业技术扩散机制时曾指出，农业技术的扩散要收到好效果，需要重视技术扩散的主体：拥有方、中介方以及接受方各个子系统之间的耦合连接关系。因此，农业技术扩散理论的构建与发展重点需要从农业技术扩散的过程、动力以及模型的总体特征上予以深入讨论。

（一）农业技术扩散的过程研究

农业技术扩散被视为一种"从最初创新感知到最终落地实施的心理过程"（Rogers，2003）。故而，一些学者认为农业技术扩散包含有五个基本步骤：第一，新农业技术接触和认知阶段。农业技术的接受者需要对全新的农业技术有一个初步的接触，并对其有个基本感知。第二，对全新的农业技术有一个相关知识和信息的进一步搜索和比较阶段。该阶段，农业技术的拟采用者会利用自身的资源和好奇去尽量多的收集与本技术相关的信息，从而帮助其更加深入地了解这一全新的技术。第三，创新农业技术的使用决策阶段。基于前期阶段的信息认知、收集、比较以及深度了解，则对农业新技术的应用进行使用决策。第四，新技术的真正实施阶段。新技术的使用过程是新知识、新问题不断涌现的过程，当然最终实施效果需要进行相应的评估，则引出下一个阶段的重要步骤：证实阶段。第五，证实阶段。该阶段将会对新旧技术的应用效果进行横向比较，真正认识新技术的应用价值和效用（Rogers，2003）。一般而言，无论是农业新技术还是其他技术在扩散和推广过程中均呈现"S"曲线性特征，而新技术的推广和应用过程中还需要不断地去跨越一些扩散路径中出现的"技术鸿沟"，如新技术应用早期推广者到更大数量农业技术使用者间的衔接与过渡（Moore，1991）。

由前文我国农业技术转化的主体特征可知，农业技术扩散显然具有网络化特征，技术扩散的过程也会因为技术扩散网络中节点的特殊性，如农业技术的创新者、各级政府推广体系、非政府组织、农业技术和生产企业、农民各类合作社以及农业技术的最终接受者农场或农民，这些节点在农业生产网络中扮演着不同的角色，又有其他外部因素的影响，从而使得农业技术扩散过程也显得相对比较复杂（Cainelli，Mancinelli and Mazzanti，2007）。例如，不同类型农业技术，如种植技术、畜牧养殖技术、农业机械制造技术等在技术扩散主体参与、路径选择、扩散方式等方面必然存在不同的偏好，因此，具体的技术扩散所需持续的时间长短、技术扩散的空间分布也将各有不同。

（二）农业技术扩散的动力研究

农业技术扩散作为新农业技术转化为实际农业生产力过程中至关重要的环节，需要厘清到底什么因素推动某项新农业技术的扩散和推广。这利于在实际的农业技术扩散和转化时，给予扩散主体针对性的扩散政策支持、经济激励，从而提升农业技术的实际转化效率。已有与农业技术扩散相关的国内研究多聚焦于扩散的动力根源和渠道，如常向阳和韩园园（2014）从扩散的外在推力、内在动力以及交互耦合动力等三个方面来分析农业技术扩散的核心动力源泉。此外，宏观层面的政府政策、法律、技术本身，微观层面的农业科研机构、农业技术中介等也会对农业技术扩散施加影响，从而最终影响农业生产效率。

1. 政府推动力

政府作为农业技术扩散的重要推动力量，其本身具有其他组织所不具备的资金和组织调动实力。尤其是在政策供给上具有不可替代的作用，政府对于农业技术扩散的人力、物力以及财力的投入在提升现代农业技术的扩散效率上已得到许多学者的实证支持（Qaim，2005；齐晓辉、李强，2011）。由我国农业农村部展示的数据显示，2015 年以来，我国共建农业相关重点实验室38 个、国家农业科技园区 246 个，农业科技特派员农技服务站 1.6 万个。从以上数据可以看出，我国政府在农业技术扩散过程中所承担的责任和扮演角色的重要性（喻登科、彭静和涂国平等，2018）。当然，农业技术自身所具有半公共产品的属性，政府的技术扩散推广其目的在于提升农业相关经济作物的产量，为农民增收贡献政策、人才、技术以及资金等宏观层面的支持。

2. 农业技术扩散的内在动力

农业技术扩散的内在动力来自农业技术应用主体的自觉采用，新的农业技术要得到农场主或农户的认可和采用，从而转化为某一区域内的自觉技术应用，往往需要考量该技术的生态和地域特色，以及被当前农业技术使用者进行理性量化比较，如现有新技术与原有技术相比是否有显著的产量的改进，是否有明显的收入的增加，并且还要看生态对农业技术推广的限制，如一些温和气候带的先进农业生产技术则一般很难在一些欠发达国家的亚热带、热带地区进行扩散和推广（Hayami，1974）。此外，还需要注意社会传统可能对现代农业技术采用的阻力，因为传统的农业技术在某些社区内被世代传承，具有路径依赖性，新技术的推广往往需要克服农户传统思想的束缚，适度的政府和外部经济激励是必要的。原因在于经济激励条件下，在贫困地区的农业资源分配者同样是理性的，因为现代农业技术的采用需要高投入，这种高投入（如全新的灌溉系统、肥料技术等）如果他们无法承担，他们会保持传统的农业生产技术，而不是立刻展开技术推广，从而使得这些落后地区的农业生产技术依旧落后（Schultz，1964）。显而易见，农业技术的扩散需要注重核心主体的内在动力，并需要采取针对性的激励措施，单一的推动力还略显不足。

3. 联合推动力

作为农业技术扩散的直接受体农户，受制于自身的资源禀赋的有限性（其中包含农业技术素养、农业专业知识、经济学知识等），以及农户们收益最大化风险最小化技术应用倾向（龙冬平、李同昇和于正松，2014）；作为农业技术扩散的主要外部推动力量政府，在推广相关技术中扮演着资助、督导以及政策制定的角色，其着眼点在于全国或某一区域的战略高度，有时无法兼顾部分特殊区域的技术扩散诉求。总而言之，无论是以政府等为主导的外部推动力还是以农业技术需求端的农户、农场主等内部扩散推动力均具有一定的不足。故而，合理科学的农业技术扩散推广体系需要整合内、外两部分动力的优势。特别是，对于具有一定区域推广性的农业技术扩散，其明显具有一定时间维度与空间维度特征，需要遵循基本的技术扩散生命周期以及空间技术外溢推广规律（喻登科、彭静等，2017），这样需要借助内在和外部两方面的力量来进行推动以此提升技术扩散的效率以及效果。

（三）农业技术扩散的模型研究

农业技术相比于其他技术的扩散路径和模型特征，农业技术的扩散具有自身的特征，清楚地分析和把握农业技术的扩散模型，有利于农业技术扩散的主要推动者政府公共组织、农业技术扩散的主要实施者或农业技术的受体农场主、农户对于相关农业技术的未来应用前景进行科学合理的预测，为各级政府制定技术扩散和转化策略选择决策支持。本书以为，虽然农业技术扩散与一般技术扩散相比具有一些特殊性，但是从总体的扩散路径和模型来看它们也具有一定的共性，故本书将从宏观、微观以及复杂网络等三个层面来进行讨论。

1. 农业技术扩散的宏观扩散模型

农业技术的宏观扩散模型多集中于描述相关新技术的宏观扩散现象并模拟其基本的扩散路径和形状，现有研究多围绕 Bass 模型以及其拓展模型展开讨论（Bass，1969；Shaikh，2005；喻登科、彭静等，2017），并利用实证数据对 Bass 模型进行拟合，研究结果发现无论是基础模型、外部影响模型还是混合信息模型，新技术的扩散轨迹基本遵循"S"模式，但宏观扩散模型无法对处于技术扩散网络中个体如核心技术的拥有者"看门人"在技术扩散过程中发挥作用，以及无法对不同"看门人"之间的互动关系进行有效解读。总体而言，农业技术扩散一般具有宏观扩散特征，如艾文登（Evenden，1967）从空间地理的视角出发，通过蒙特卡罗仿真系列模型、创新扩散的空间归纳模型，分析了牛结核病控制技术、牧草改善技术等在扩散过程中呈现的空间地理阶段特征，并将相关农业技术的扩散动态过程，概括为著名的"四阶段扩散模型"：（1）开始阶段——该阶段主要阐述了农业等相关技术扩散的基础与动力。（2）扩散阶段——该阶段主要聚焦于技术扩散的有效流动特征，并阐释了农业技术扩散所呈现的区域性、空间性特征。（3）冷凝阶段——该阶段中相关技术的扩散程度会遵循近邻效应，随距离增加而逐步衰减和冷凝。（4）饱和阶段——该阶段农业等相关技术在一定时期和空间内达到了最大扩散阈值，也将从社会以及经济层面遭受更多的阻力。随后，还有相关学者分别从技术扩散空间、数学模型模拟等方面进行了深入讨论。

2. 农业技术的微观层面技术扩散模型

微观层面的技术扩散模型旨在弥补宏观扩散模型对个体特性关注的不足。宏观层面的技术扩散更关注从供给端来考量技术扩散的方向和路径，而微观层面的技术扩散则更加注重技术接受者个体对技术、知识以及信息的理解度。自20世纪80年代以来，有关农业技术扩散研究者也开始把研究重心聚焦于技术的需求端——农户等技术采用行为的研究上（Chambers，Pacey and Thrupp，1989；龙冬平、李同昇和于正松，2014）。其中，农户技术采用行为的影响因素也较为复杂，其包含有许多在宏观层面分析过程中所未予以考量的相关因素，如农户的教育背景、农业相关产业经验、家庭劳动力数量、农户家庭可支配收入及种植或经营土地面积、农户性别、年龄大小等。现实中，我国农村社会中近年来也逐步产生了许多新型的农业经营主体：种植大户、家庭农场主、农业合作社以及农业龙头企业，其农业技术采用行为也将呈现出不同的特点，技术的采用方式、途径也将不同于一般农户（李同昇、罗雅丽，2016）。显而易见，这些微观因素在现实的农业技术扩散过程中同样会影响其推广扩散成功率，应当予以认真考量。对于农业技术扩散的农户行为具体分析方法，国内外学者多采用 logistics 回归模型、技术接受模型及多智能体模型。这些方法的采用对于农业技术扩散效率的预测提供了较好的辅助依据。

3. 农业技术的复杂网络扩散模型

已有研究在考虑了宏观及微观层面的技术扩散特点和规律后发现，介于二者之间实际上还存在一张无形的技术扩散和转移的网络。网络之中已有的农业技术基础并非是均匀分布的，使得相关农业技术接受度也有所差异，再加上网络所处的区域内经济基础、农业基础设施如水利、交通等存在的差异，从而导致农业技术在这些网络的扩散传递过程中存在一些明显的网络效应，网络间也存在一定的层级效应，造成的直接结果是某项农业技术在某些特定区域内的扩散并非是匀速的（林兰，2010）。农业技术扩散网络的非均衡性特点决定了对农业技术扩散及农户等技术采用行为的分析需要更加系统和多元。嘉斯顿和德雅尔丹（Gaston and Desjardins，2010）通过对新技术、新产品的扩散规律进行分析发现，技术扩散存在四种基本的网络结构"无标度网络、随机网络、小世界网络及规则网络"。国内学者喻登科等（2017）通过对我国水稻抛秧专利技术扩散规律的实证分析发现，小世界网络在农业技术的扩散过程中发挥着重要的作用，摩尔与纽曼（Moore and Newman，2000）的研究也表明，小世界网络在求解 SIR 模型过程中，可以加速相关技术的扩散速度。当然，较快的扩散速度也会导致相关技术在随机网络中失败的可能性增大（Hanool et al.，2010）。显然，随着网络规模的扩大，网络结构不再局限于某些局部网络，网络规模扩大后可能引致扩散过程、形态的不同，需要采取不同的技术扩散模型。故而，后续的农业技术扩散研究学者更加注重采用适当的模型来分析网络结构和网络效应对农业技术扩散的影响。

三、乡村振兴的理论基础

党的十九大召开以来，中央从战略高度制定了《乡村振兴战略规划

(2018～2022 年)》与《关于打赢脱贫攻坚战三年行动的指导意见》。乡村振兴战略作为国家战略，它是国家在成功完成精准扶贫任务之后，充分调动政策资源、经济资源、人力资源等来激发乡村社会发展的内生动力，有效缩短城乡经济发展与收入差距以及乡村社会内部贫富差距的又一个重要战略部署。与此同时，乡村振兴战略的提出事关长期被政府和学术界普遍重视和讨论的中国农村发展的经济问题、社会问题、制度问题乃至文化问题。显然，其必然存在着深厚的理论逻辑背景，例如，乡村振兴应该遵循什么样的发展逻辑？乡村振兴有哪些背景理论基础？我国乡村振兴有什么样独特的有别于西方的乡村经济复兴的发展路径？故而，本部分将重点予以探讨。

（一）新发展经济学理论视角

长期关注发达国家与后发国家发展路径选择比较问题，以及中国城乡平衡发展主题的发展经济学者们普遍认为，欠发达国家和发展中国家所面临的经济增速不快，却要同时面对自身人口数量的快速膨胀、就业率不足、收入差距加大等诸多发展中的问题，其重要的影响因素之一在于这些国家的农业及农村经济不发达所致（谭崇台，1999；张旭和隋筱童，2018）。中国作为世界上最大的发展中大国，相比于发达国家的农业、农村经济发展程度和速度是落后的，同时具有非常大的提升空间和潜力。据我国农业农村部的统计数据显示，截至 2016 年我国农村居民依旧高达 5 亿多人口。显然，解决我国的"三农"问题既需要政府部门重视对于农业的基础设施建设、资金、人才和技术投入，还要注重在提升农业土地和劳动力生产效率的农业相关制度和政策安排上不断创新，从而助力我国农业各类生产要素在农村地区合理配置（黄祖辉、徐旭初和蒋文华，2009）。正是由于发展中国家的经济增长与发展问题越来越引起学者和政府等组织的关注，经济学界才积极寻找具有解释力的理论来对发展中国家发展给予指导。

著名经济学家刘易斯、缪尔达尔以及舒尔茨等开创性提出用发展经济学的理论来分析发展中国家的平衡增长以及"经济、资源和环境"协调发展问题，并获得了许多具有解释力的理论洞见。这也激励 20 世纪其他许多主流经济学家如斯蒂格里茨等投身到发展经济学的研究中来，进一步促进了发展经济学理论的不断更新（李瑞娥和程瑜，2013）。全球 200 多个国家除近 1/10 多的国家属于发达国家外，其他均为发展中国家或地区，这些国家或地区的经济增长与发展问题，相比于发达国家而言，由于自身的独特性，如教育相对落后、技术及资本等禀赋资源缺乏等因素的影响，从而造成这些国家的经济发展普遍处于一种非均衡状态。首先，与发达国家相比，现代化、工业化及信息化等发展还存在较大差距；其次，发展中国家自身内部的贫富差距也依旧比较大。

正是绝大多数发展中国家给予发展经济学理论重要的检验场域，新发展经济学理论才得以逐步发展和完善，对于发展中国家的诸多经济问题和经济现象给予了强有力的理论解释，使得新发展经济学这一研究视角更加多元化、具体化与成熟化，才会吸引更多的年轻学者加入这一学术共同体。我国以张培刚、谭崇台等为代表的老一辈发展经济学家在充分吸收西方古典经济学理论及发展经济学理论，结合我国改革开放和经济发展的实际需求对发展经济学理论进行了再创新，取得了系列丰硕成果。随后，以王小鲁、简新华、叶初升等为代表的新一批发展经济学学者继续通过追踪我国区域经济发展差距的形成机理及影响因素展开研究，并获得一些具有解释力的研究结论。他们发现，造成我国区域经济之间差距的因素既有区域经济发展模式选择的差异，又有技术及全要素生产率间的显著差异（李瑞娥和程瑜，2013）。当前，作为一种发展中的新发展经济学理论通过对已有理论的充分吸收和创新，始终保持着旺盛的生命力，特别是以中国为代表的发展中国家为新发展经济学自身的发展提供了绝佳的理论检验"试验场"，这些理论在接受实践检验的过程中，对现有发展经济学理论进行再"发展、创新和反哺"，逐步形成全新发展经济学理论。

综上所述，新发展经济学理论在解决我国乡村经济复兴和乡村振兴战略实施问题上，将会发挥重要的理论与实践指导作用。这得益于新发展经济学理论主张和其实践自洽性较高的特征，因为该理论始终主张持续革新农业技术及农业制度或政策供给，并通过农业人才和农业剩余劳动力的有序转移来解决持续困扰我国经济发展短板的"三农"问题，这将是一个很好的尝试。

（二）区域经济学理论视角

一定区域内城乡之间经济发展的不平衡是发展中国家普遍存在的一种现象。为了促进区域间的平衡发展，地方经济主体通过调动相关优势资源和技术来发展相关产业，以此平衡城乡间的差距则是区域经济发展理论所尝试探讨和研究的主要议题。早在 20 世纪 20 年代，区域经济学理论研究学者杜能通过区位分析法来探讨城市周边农业生产布局时就已发现，消费市场距离对一定区域内产业分布及区域经济发展会产生影响（Perroux，1950）。此后，由于欧美等主要发达国家自身因经济结构的调整，使得区域经济发展也面临一些区域发展动力不足的问题，如何寻找新的经济增长极是缪尔达尔、赫希曼及威廉姆森等区域经济发展理论学家所重点探讨的方向。一些学者从"极化—扩散效应"来进行分析，另一些学者以"梯度转移理论"等来探讨如何通过发展优势区域经济带动非优势区域经济发展，并最终促成区域经济差距的缩小并达到一体化，从而实现区域经济的平衡化发展（Williamson，1965）。后续的区域经济发展理论还尝试从新经济地理学理论角度出发，探讨如何通过区域内产业的聚集和技术内化等途径来促进区域经济发展。

当前，由于我国正处于经济转型发展的关键节点期，也面临着可能性的"中等收入陷阱"，同时，我国地理、地貌特征复杂，人口众多，东部西部发展、同一区域内部发展还非常不平衡，南北部发展又不够协调，从而引起诸多问题。近年来，以"区域经济发展学会"这一学术平台和组织为依托，许多新生代区域发展经济学者们纷纷扛起大旗，对我国诸多区域发展问题展开了细致的研究和探讨。以 2017～2018 年中国区域经济学会所广泛关注的主题来看，该学会主要围绕国家总体战略部署逐步形成了"区域协调发展主题、区域经济发展路径转型主题以及国家重点区域发展"的三个总体探讨方向（万晓琼，2018）。对于"区域协调发展"的讨论主要是探讨如何通过城市群、自贸区、国家级新区等来从战略上设定区域发展方向，形成区域间的优势互补，如长江经济带建设、粤港澳大湾区建设等带动周边乡村地区协同发展，从而构建新型现代化城乡体系；对于"区域经济发展路径转型升级"研究则主要聚焦于不同区域在产业空间布局上、产业转移和升级改造上，以及发展绿色新能源、可持续化及低碳化发展方向上，主要措施是降低生产要素的自由流动障碍，加强区域间科教、创新等的跨区域合作；对于"国家重点区域发展"研究则选择区域发展的具体路径和模式来展开，如"京津冀协同一体化""东北振兴"等，总体目的和方向是寻求不同城市间形成"互联互通的现代产业体系、市场一体化水平更高、生态宜居的城乡优质生活圈"。

由中外区域经济研究所关注的主题可知，无论是"梯度转移理论""极化—扩散效应"，还是"区域协调发展、产业转型升级"等的讨论，其关注的焦点在于通过适合本地区和国情的方法与路径来缩小区域间发展的差距，特别是我国近年来提出的"乡村振兴"战略，更是需要区域经济理论的指导和启发。

（三）演化经济学的视角

根据区域经济理论视角的研究逻辑，相比于城市规模化、聚集化的产业分布优势，乡村地区经济发展主要依赖农业生产，且因与主流消费市场的距离遥远、农业生产技术相对落后等劣势限制，同时，还有我国城乡经济结构间的巨大差异，乡村工业以及经济发展暂时还无法获得与城市工业发展相似的规模经济效应（刘刚，2010）。根据舒尔茨等发展经济学家对落后国家农业经济发展的研究启示，乡村经济发展中的主体力量农业生产，其自身又天然受限于土地等自然资源的限制，从而导致农业生产报酬呈现递减规律，使得农业地区的发展一般依赖于城市经济。如何解决这一发展困境？

以巴卡蒂尼（Becattini，1990）等演化经济学派为代表的学者，通过对欧洲国家如意大利乡村工业的发展进行研究发现，乡村经济的发展有其自身的特殊性。换言之，乡村经济或新乡村工业的发展不仅依赖城市经济，其发展也具有一定的独立性和相对独特的发展路径。同样，在我国改革开放初期，沿海一带如温州等乡镇经济的发展也具有一定的聚集特点，为弥补大规模工业生产所产生的原材料供应等产业链的空白，大量小微企业在特定的乡村空间内根据生产需要进一步细化分工并再结网形成独特的"小批量、柔性化及个性化"的生产。这样的生产过程和聚集过程具有自发性和演化特点。故而，需要通过新的理论视角来对这一现象进行合理解释。显然，演化经济理论视角则可对以上现象进行有效解读。在我国乡村地区，土地作为一种稀缺资源在农业生产过程中发挥着其他生产要素所不能替代的作用，而基于农业土地的归属和使用问题所产生的土地关系即农业土地制度，又直接制约着我国农业的生产与发展。我国作为具有 5000 年丰富华夏农耕文明的国家，土地制度的演变必将根据其自身社会结构及生产关系的变迁规律而不断向前推进。

新中国成立以来，我国乡村地区的土地制度先后经历了国民经济恢复时期、人民公社（土地集体所有）时期、集体所有制前提下的联产承包制时期（所有权与使用权的两权分置），以及 2016 年国务院颁布《关于农村土地所有权承包权经营权分置办法的意见》将乡村土地制度进一步创新为"所有权、承包权及经营权"三权分置制度时期。显然，当前"三权分置"制度创新作为我国家庭联产承包责任制之后的又一重要制度创新，能够为国家乡村振兴战略的实施奠定重要的制度基础，对后续进一步优化农村土地资源配置，搞活乡村经济发展提供重要的政策依据。从演化经济理论的角度出发对当前这一重要制度创新进行解读和梳理则具有重要的切题性和实践意义。

第四节　制度创业、知识溢出及产业集群式发展相关研究

中国作为人口最多、世界第二大经济体和最重要的新兴经济体，正经历着重要的变革和发展。中国经济发展正面临着转型的关键阶段，无论是城市地区还是农村地区各类型企业均面临着较为复杂的制度环境。在过去的30多年，中国农村地区的乡镇企业曾是中国改革开放初期经济发展的重要引擎，它们推动了中国持续的经济发展和改革。时至今日，中国农村依旧存在着类似的创业企业，它们依旧是推动中国经济发展的重要组成部分，也同样彰显着中国社会主义市场经济的基础特性。俞等（Yu et al.，2013）指出，处于中国情境的各类企业需要面临着这样的制度环境：企业在处理相关交易环节的实务之余，还需要支出较高份额的非交易性资源，并且还存在较高的关系风险、缺乏合约约束力、信息市场信息失真以及相对薄弱的知识产权保护措施。简言之，中国企业盈利状况不仅受到市场经济环境因素的影响，还会受到诸如制度环境等因素影响（Li and Matlay，2006）。鉴于以上原因，我国的乡村创业者既需要通过相对紧密的家庭成员关系来开展创新活动，还要利用外部资源获取创新动力；中国乡村创业者更倾向于利用关系策略来应对外部制度环境的限制；中国乡村创业者既需要与大型的在位企业建立合作联盟关系，还需要获得权威人士的认可来获得合法地位。与此同时，农民工等返乡创业也会对当地制度和政策环境带来一些客观反向作用，如返乡创业群体会形成一股对当地市场或社会制度结构产生推动作用的力量。沃特和司默本（Welter and Smallbone，2011）认为，创业者作为社会变迁的重要推动者（多数时候是情非得已），但对于社会制度的变迁往往并没有清楚的目标预设，反而，这些返乡创业者一般是为了发现制度漏洞和不足来追寻他们的利润，而他们利润追寻行为实际上会引致更为广泛的制度变迁压力。推而论之，返乡创业群体也必然对当地的自然、社会以及制度环境会产生某种程度的影响。

因此，我们应该正视返乡创业者对于制度变迁的影响作用，更要深入探讨这一作用机制的内在运行规律。

因此，乡村创业者需要重视制度环境，更需要通过自身或其他组织的制度创业行动来对现有制度环境产生积极的影响，进而改善农村地区创业制度环境，以此推动创业企业顺利和健康成长！故而，从制度角度出发来理解中国农村地区的创业活动具有较大的理论和实践意义。

一、制度创业主体、模式及其作用

1. 制度创业主体

哪些个体或组织更容易成为制度创业主体？他们为何会成为制度创业主体，夫里格斯坦（Fligstein，1997）认为，某些行动者比其他行动者更倾向于改变当前现状获得预期的社会结果，那么，这构成了制度创业的核心理念。基于以上理念，制度创业主体可延伸出两类不同的制度创业者：其一，现有制度非受益者，处于社会的某一个阶层或某一个组织中因为资源或能力限制而不能获得制度或规则所赋予的收益。换言之，作为当前制度或规则的受限者或利益损失者更容易希望对现有制度或规则进行某种程度的改变，以此获得应得利益。其二，现有制度的既得利益者，依据普尔科曼和斯派瑟（Perkmann and Spicer，2007）的研究结论，在某一阶层中或组织中拥有较大资源支配权力并具有较强的专业技能和社会技能的人或组织更能够调动资源来对现有制度产生较强的作用力，并最终改变现有制度或政策，因此，这类人或组织更容易称为制度创业者。制度创业者既可以指个人，也可以指组织，组织包含企业组织、政府组织和非政府组织等。因此，制度创业者包含五大类别：组织、个体、组织和个体的组合、社会行动以及组织与社会行动的互动。

2. 制度创业模式

从经济社会学的角度出发，制度实际上是通过人类利益和权力驱动的社会行动来促进有秩序社会关系的建构、重构的反复社会过程的结果（Seo and Creed，2002）。社会行动可以界定为赋予了意义的行为，它又与其他行动者相关，可以被认为是"社会性"的；秩序大致可以等同于制度，并且它的出现是某些社会行动在某个时期多次重复出现的时候；秩序具有客观性并且为各种各样的监管所包绕。社会行动又划分为三种类型：受惯例支配的行动；

受习俗支配的行动；受利益支配的行动。正如韦伯所描述的经济关系一样，制度创业者在上述三种类型的社会行动过程中，一定程度上同现行约束秩序会形成冲突或竞争（尼尔·斯梅尔瑟和理查德·斯威德伯格，2009）（如图 2－3 所示）。

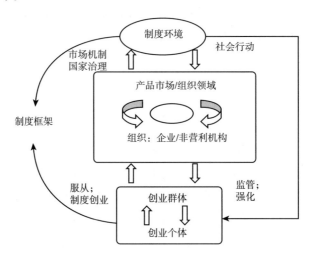

图 2－3 创业制度或政策建构的一般过程模型

资料来源：根据相关文献整理。

在国家制度允许范畴内，地方政府协同相关市场主体开展制度创业实践将会是有效的尝试，如天津市华明镇的"宅基地换房"典型模式，以及重庆市的"地票"模式等均是一些地方对土地流转的一种创新尝试。这些模式在家庭联产承包责任制不变前提之下，坚持可耕种土地不减、尊重农民自愿原则，建设有区域特色、适合产业集中的生态宜居型小城镇。新的小城镇通过规划可供市场开发的土地来扶持农业相关的创业活动，并通过土地出让收入来平衡小城镇的建设资金。这既可以帮助从事农业相关创业活动主体获得相应的土地流转，也可以帮助提升城镇化的质量和效果，是一种非常重要的制度创业模式。

3. 制度创业对创业绩效的影响作用

全球创业观察（GEM）及"创业动态跟踪调查"（PSED）长期跟踪了制度对于创业的影响作用。中国学术界也对"制度创业"这一主题进行了系列的理论及实证研究。朱承亮和雷家骕（2020）在《中国创业研究 70 年：回顾与展望》中指出，中国情境在市场、制度及文化上存在其他国家所不具备的独特性，创业研究不能仅仅局限于管理学、经济学领域的视角，需要借助多学科的视角来进行解读和探讨。显然，制度创业研究方向是一个充满活力与潜力的研究领域。传统制度理论主张制度所产生的压力并期望创业者等行动主体去顺从或遵从现有制度规范（Scott，2001）。然而，当创业者发现未发掘的机会目标将会形成新的产品和服务却因为同现有制度规范不相兼容时，必将引起制度创业理论的悖论：假如创业者被现有制度所束缚，那么，他们将如何创造新产品和服务？倘若创业者带来了新的产品和服务，制度如何保持不发生变迁（Alvarez et al.，2015）？创业者选择自己熟悉的社区去创业显然考虑到了对本地社区血缘、亲缘及地缘因素的熟悉，更重要的是如何通过这些强关联资源来充分利用当地的制度和政策优惠措施实施成功创业；创业行动对当地制度和政策的反向影响，也会理顺企业未来发展的思路和方向。显然，强关联社会关系所形成的便利网络资源会是返乡创业的有利因素。故而，制度创业对于创业绩效有重要的影响作用（见表2–3）。

表 2–3　　　　　　国内外制度创业对创业绩效影响研究汇总

主要观点	研究方法	研究学者
从战略的视角出发探讨创业者对当前制度变迁影响从而提升创业企业价值	扎根理论/质性研究	Aldrich 和 Fiol（1994）；Waldron（2015）
从政府政策效应的角度出发探讨制度创业对于创业行为和结果的影响	问卷调查/数据统计及模型验证/文献计量	Minniti（2008）；姚莉萍和朱红根（2016）；孙秀丽，赵曙明等（2016）
从产业转型角度出发，产业规范或制度形成过程中，产品和使用标准合法性的获得是创业者从产业中获得创业机会的有利途径	实证分析（数据验证）	Anderson 和 Tushman（1990）；俞园园和梅强（2015）
从制度环境的角度出发来探讨产业识别和规范支持，创业者通过具有特色的产业实践来培育全新的消费者群体，从而形成企业的竞争优势	问卷调查/回归分析	Lawrence 和 Suddaby（2006）；黄胜和周劲波（2014）
从制度文化以及机会发掘的角度出发来探讨制度创业者如何从失败的经验中吸取教训来开展产品创新，以此创造新的机会	案例研究	尹珏林和任兵（2009）；项国鹏等（2011）；Wright 和 Zammuto（2013）

续表

主要观点	研究方法	研究学者
该文通过对中国中央电视台所公开播出 91 个农民创业故事的内容分析，从制度的视角进行了解读，分析了制度因素对于农民创业的影响	内容分析法	Jun Yu 等（2013）
创业者的创业实践和机会搜寻行动会对制度的创立带来影响；作为利润追寻者——创业者需要参与到制度的形成过程中，它利于提升创业企业绩效（以美国帝王蟹产业变迁为例）	深度历史案例研究法	Alvarez 等（2015）

二、知识溢出效应与产业集群发展

创业者先前经验的存量知识和技能，不同主体的制度创业实践对于现有制度环境产生影响，并改善现有制度环境，以上两个主要因素可能会对创业效果产生某种程度的影响。知识溢出将引起更多的产业跟进者，它们会选择模仿和复制创业成功企业的商业模式来推动企业的创生成长，进而在相近区域或产业内形成一定的产业集群，产业集群的形成和壮大反过来也会推动企业进一步发展。

1. 知识溢出

从知识溢出的视角来探讨有效激活创业者的相对静态的存量知识，并将之转化为具体可操作性的动态创业实践行为，更具有理论和实践意义。知识溢出理论认为知识分布在企业所处区域之内，企业可以通过一定途径获取外溢知识（Gertler，2001），这其中隐含两个基本的假设：（1）一定区域内的企业知识位势存在差异，换言之，知识一般是从一些先行成立的优秀龙头企业（示范企业）向其他后发企业溢出；（2）处于一定产业内的企业鉴于外溢知识本身的相似性和地理位置的邻近性会存在外溢知识吸收的差异。众所周知，初创小微型企业在创业成长过程中，一般会遵循较为直观明了的商业模式来保持企业的持续获利能力，而这类商业模式一般会选择模仿创业示范企业或龙头示范企业，故而，一定产业或区域内的龙头企业自然会形成较为显著的创业示范效应（闫华飞和胡蓓，2012）。已有研究中，更多从模仿的视角来分析知识外溢效应，如一种新产品被介绍到市场之中，且被消费者所广泛接纳，这必然会引起其他群体或企业开展此类产品的研发和创业热潮（Chaney et al.，1991），加西亚·比利亚韦德等（García-Villaverde et al.，2013）也将创业示范所产生的知识外溢视为提升企业创业绩效的有益行为，他们认为新品发布之后市场上的创业模仿行为越多对于创业示范企业的竞争优势威胁可能越大，那么，示范企业必然会采取更高的创业导向水平来提升企业的竞争力！

2. 产业集群发展

在《经济学原理》这一著作中，英国著名经济学家马歇尔（Marshall）揭示了产业集群中技能、信息、新知识和新思想的扩散功能，指出了产业集群所营造集群创新效应和氛围。产业集群作为区域经济中发展的一种典型的经济现象，如美国的硅谷、意大利的瓷砖行业，以及中国沿海省份广东和浙江出现了一定规模的产业集群，它们在推动地方经济发展中发挥着重要作用（李煜华等，2007）。波特（Porter，1998）认为产业集群是指在某一主导性产业中在特定区域内大量相互关联的企业及其辅助支持机构在空间上、业务上形成聚集，能够让处于该区域内的企业获得较高的竞争优势。熊彼特则着重从创新角度探讨集群对于创新和企业成长的影响机制，他认为企业的创新行为并非孤立事件，它们趋于聚集，一些企业创新成功之后其他企业则蜂拥而至；创新也不会随机均匀分布，它们会集中于一些部门或邻近部门之间。显然，创业成功的龙头企业会对其他企业产生示范效应，短期内其商业模式会被竞相模仿。闫华飞和胡蓓（2012）的研究发现，围绕创业示范企业开展相似的创业活动的企业会进一步改进产业要素条件，并降低进入该产业开展创业的门槛，更多的跟随创业者聚集，这一行业内的创业人数、企业群体规模进一步扩大，并呈现集群式创业成长特征。陈彪和蔡莉等（2014）的研究也发现高新技术类企业在创业成长过程中会采用多种创业学习方式即经验学习、认知学习和实践学习，而企业创业成长中不仅需要基于先前经验进行学习，还要从产业集群内其他企业的学习即认知学习，而要获得更好和更快的学习效果，高新技术类企业会采用集群式创业成长模式，学习速度和效果会更好，也更能推动此类企业的实践学习进程。

综上所述，近年来越来越多的研究学者开始聚焦于乡村创业现象，伴随国家各类创业扶持政策的出台，在中国农村地区的创业活动将会更加踊跃。然而，不容忽视的一个现实是乡村创业的理论研究文献依然非常有限，乡村创业相关研究主题范畴和边界界定等问题仍有待深入探讨和解决。本书综合现有研究成果认为乡村创业相关研究还存在以下不足：

第一，乡村创业研究视角过于单一，缺乏多元视角的统摄。在中国有关乡村创业研究多集中从经济学的视角（区域经济学等）出发，还比较缺乏从创业管理、企业战略等相对微观的角度来建构本土化的乡村创业理论。显然，乡村创业相对一般创业理论而言具有明显的情境性，而中国农村环境这一独特的情境也是西方乡村创业理论难以统摄的研究盲点。因此，从多元视角出发研究中国情境下的乡村创业本土化理论是一件极具挑战的工作。

第二，乡村创业研究多以定性和规范研究为主，缺乏实证和定量研究。尽管现有有关乡村创业研究开始尝试通过较大样本的问卷调查展开描述和探索性统计分析，并尝试通过一种量化的图形流程去解读和总结所收集的数据信息，该种方法陈述问题清晰和容易理解，但依然无法揭示一些关键变量间的真正作用机制。

第三，先前经验、知识溢出以及制度创业等与乡村创业绩效间的作用机制尚未形成，也没有成熟乡村创业理论框架。现有研究多从先前经验、创业学习等个体微观层面，或者从政府制度政策等宏观层面来探讨分析影响乡村创业绩效的作用关系，却并未深入探讨如何综合考虑创业过程中个体微观层面（先前经验、创业承诺等）、产业层面（知识溢出、创业示范及产业集群发展）以及制度层面对乡村创业绩效的作用机理，进而造成以下结果：难以全面揭示在中国农村地区企业创生成长所应遵循的规律和路径。本书将统摄以上研究的不足，从多个层面来探讨中国本土化的乡村创业新理论和乡村创业企业的新成长机制。

第五节　乡村创业需解决的三个理论问题

乡村创业企业在创生成长过程中，兼具农业生产和现代经营先前经验的缺乏，土地、资本等核心要素制度规范的约束，成为当前乡村创业企业现代化、规模化面临的最核心难题。本书将围绕解决乡村创业动力不足和创业成功率不高的问题，重点解决制度创业、创业幸福绩效量化测度等几个核心理论问题。

一、相关关键变量的测量

1. 先前经验变量

以往研究中对于先前经验的处理较为简单，有的研究仅用二分变量来测量先前经验的有无，没有深入挖掘先前经验可能呈现出的差异性，故而，对于这一变量的测量将构成本书需要解决的关键问题之一。基于此，本书将借鉴肯尼迪和德雷南（Kennedy and Drennan，2001）对于先前经验的维度划分，构建 9 题项测量量表，采取主观与客观相结合的评价方法，并将先前经验划分为核心的三个维度：代际经验、先前经验广度、先前经验深度，以此全面丰富先前经验变量内容的测量。

2. 制度创业变量

以往制度创业研究多从案例研究来考察制度创业所产生的影响，这些影响机理更多是案例或现象中的抽象和归纳，并未经过实证数据的检验，因此，在概念信度效度上还比较欠缺，故而，本书另一个关键变量测量问题是如何确保制度创业变量量表的信度、效度。本书将借鉴阿尔瓦雷斯等（Alvarez et al.，2015）的研究方法，针对乡村创业特定场域的纵向案例跟踪，尝试从制度创业的个体或团体层面、组织层面以及社会场域三个层面来衡量制度创业在前文研究模型中可能产生的调节作用。

3. 乡村创业经济与幸福绩效测量

鉴于本书主要对象将集中于农民返乡创立的农业科技型小微企业、互联网＋农业特色电商企业，以及在线乡村旅游等小型、微型的农业类企业，其企业在创立过程中，财务数据的规范化程度可能不高，如何收集较为可信以及可靠的客观财务数据是一个关键测量问题，本书将借鉴克里斯曼（Chrisman，1998）、陈重仁（Chen，2009）、罗明忠（2012）及姚柱（2020）等的做法，从乡村创业企业成长及财务等层面来相对客观地衡量创业的经济绩效和创业幸福绩效测量维度。对于创业幸福绩效的测度，学术界并未形成一致认可的测度量表。如林顿等（Linton et al.，2016）从主观的情感、生活满意度及心理函数，客观的身体健康及社会福利等两个方面出发，通过自我报告题项来评估幸福绩效，这些测量涵盖了多个学科内容，如临床心理、哲学、经济学、医学及社会学等，这一测度量表对创业幸福绩效测度具有一定的借鉴意义。心理学家立夫（Ryff，2019）首次将幸福实现理论引入创业研究中，并建议从前述六个维度"自主性、环境掌控、个人发展、人际关系、人生目标及自我接纳"出发来对创业幸福绩效测度；珲晏和艾维斯（Bhuiyan and Ivlevs, 2019）则从总体生活满意度的六个主导维度外加两个主观情绪反映：生活水准满意度、财务水平满意度、人生成就满意度、健康满意度、家庭满意度、社区满意度，以及积极情绪和消极情绪来衡量主观幸福绩效。从前述研究中所采用的测度维度可以看出，已有研究倾向从个体满意度出发来衡量幸福绩效水平。本书以为创业幸福绩效水平的测度应该考虑整合资源基础视角、知识基础视角、社会认知心理视角、创业学习视角等多个角度来测度创业幸福绩效。因为一些主观测量指标不好衡量，本书拟从一些工具变量作为替代变量，如农村新型清洁用户所占农村居民数量的比重等来对幸福绩效水平进行衡量。

二、制度情境下的乡村创业纵向研究问题

我国乡村创业具有极强的情境特性，如何来研究和界定这一情境将构成本书研究的关键问题之二。以往的研究没有清楚指明挖掘创业机会需要机会成本，以及在创业过程中所涉及有关制度的工作都将会耗费创业者大量时间，而已有研究的潜在假设是这两项工作好像开展速度非常快。现实之中，无论何种类型的创业者需要参与到制度的形成过程中，它也可能构成机会开发中的一部分。因此，本部分将通过多案例的研究以及深度的跟踪访谈获得乡村创业过程中制度创业的影响机制，探讨我国乡村创业的新现象以及新规律。

三、构建符合具有中国特色的本土乡村创业理论

乡村创业在乡村振兴与缩小城乡发展差距进程中发挥着基础性作用，乡村创业是一种高情境依赖的"创富"行为，"富"既有"财富"的含义，又暗含"幸福"。然而，近年来随着城镇化提速，乡村精英及财富向城市加速转移，创业扶持政策难以适应当前乡村创业对土地等核心要素的变革诉求，使得乡村创业动力不足，创业成功率不高。因此，吸引具有丰富先前经验的能人留乡、返乡干事创业，并推动与农业相关制度政策的变革，事关国家"乡村振兴"战略的贯彻与落实。那么，如何提升乡村创业成功率，让乡村创业者及其利益相关者在创业过程中不仅获得经济收益，还能在助推"乡村

振兴"中体验幸福和满足感则是实践界和学术界所共同关注的科学问题。

　　本书还将围绕乡村创业者这一特殊群体，深入探讨该群体如何利用已有资源禀赋（先前经验），通过制度创业突破乡村制度环境中规制、规范及认知约束而成功创业，利用收集的多层面数据来检验乡村创业幸福绩效在多层面（个体、企业及社区）以及多个维度（主观维度和客观维度）水平上的提升机制，并最终构建乡村创业幸福绩效提升理论框架。本书形成的一系列研究成果将丰富我国乡村创业理论，并通过乡村创业成功的企业示范效应为我国落后乡村地区创业、产业扶贫以及乡村振兴提供政策借鉴。

第三章　乡村创业者群体图鉴：基于湖北省调查样本的分析

　　西方学者眼中的乡村创业者群体：一是具有显著的地域、产业的独特属性，即他们是在农村区域情境下开展与农业相关的创新和创业的一群人（Carland et al.，1988）；二是乡村创业者一般多分布于农业及与农业相关的工业及服务部门（Nastase and Lucaci，2018）。在广义乡村创业概念之下，国内学者开始探讨这些在乡村地区展开创业活动的潜在群体特征，如喻晓马等（2016）还发现了新农人乡村创业群体呈现的新特点：他们已尝试借助移动互联网、新媒体等信息技术，参与农林渔牧等产业的创业活动。国内外学者针对乡村创业概念及其群体特征研究，多停留在一般性的产业及场域分析之上，对于群体特征的研究也仅仅限于倾向性调查分析，尚缺乡村创业主体自身禀赋特征对创业产出的作用分析。这说明，相比一般创业研究，乡村创业具有更高的风险性（如天气无常、农产品市场起伏大）、情境依赖性（如对土地及家庭财富的高度依赖），特别是在中国乡村特殊的情境场域下，乡村创业者还承担有社会变革角色使命（如带领村民脱贫致富）。显然，后续研究需进一步深挖乡村创业者作为创业主体如何利用自身的独特资源禀赋（先前经验等）同市场、社会结构产生的互动作用，并深入挖掘这一特殊创业主体在不同层面所扮演的多重角色。同时，为了挖掘乡村创业者真正有别于其他产业或区域内的创业者特征，需要针对乡村创业者的特质或特征，特别是创业精神进行调查分析，并获得一手的样本资料进行分析。本章将主要基于294位乡村创业者个体的样本来进行基本的个体特征分析①，从而尝试概括获得一些具有普适性的乡村创业者特征结论。

---

　　① 本书作者带领和指导研究生于2018～2019年开展了后续的实地问卷调研工作。其中，2019年还利用孝感市新型职业农民培训会在湖北工程学院经济与管理学院培训的机会（培训对象主要为家庭农场主），前后总计发放400份调查问卷，共回收有效问卷294份，有效率为74%（样本分布详见第四章）。

第一节　乡村创业者的性别及年龄特征分析

通过对收集的湖北省地区乡村创业者基本信息（294 份有效样本）的统计分析，我们对乡村创业者在性别及年龄分布特征上进行初步解读。

一、乡村创业者性别抽样分布特征

由表 3-1 可以看到，在湖北省地区乡村创业者中，女性乡村创业者的平均年龄（40.05 岁）一般要小于男性的平均年龄（45.66 岁）。在收集的样本中，男性乡村创业者比率约为 87%，是女性创业者数量的近 7 倍（见图 3-1）。图 3-2 显示了男性创业者与女性创业者的年龄核密度分布。

表 3-1　　　　　　湖北省调研乡村创业者性别相关数据情况

性别	平均年龄（岁）	标准差	频数	百分比（%）
女	40.05	6.87	38	12.93
男	45.66	7.84	256	87.07

资料来源：本书作者回收一手数据共 294 份，统计得出。

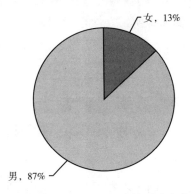

图 3-1　样本中乡村创业者性别比率分布

资料来源：本书作者回收一手数据。

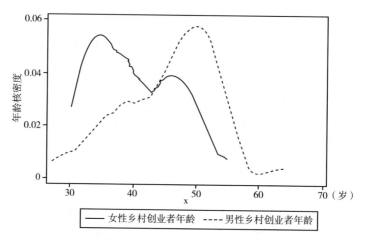

图 3－2　乡村创业者年龄核密度分布

资料来源：本书作者回收一手数据。

二、乡村创业者年龄抽样分布特征

由图 3－1 与图 3－2 可知，在我国由于家庭分工的不同，以及农村传统"男主外，女主内"思想的影响，女性在乡村地区创业遭受的舆论压力可能更大，年龄越大越不会选择从事风险系数较高的创业活动。即使有一些敢于打破传统思想禁锢的女性乡村创业者，她们往往开展创业活动的年龄要普遍比男性小。这从另一个侧面说明，女性乡村创业者开展创业活动需要"趁早不趁晚"。

第二节　乡村创业者受教育程度及所创办企业类别

为了解湖北省地区乡村创业者在受教育程度上的基本特征，以及这些乡村创业者不同文化程度是否会对创办企业类型选择存在差异性，本部分将对乡村创业者的群体特征进行详细分析。

一、乡村创业者受教育程度的抽样分布特征

由表3-2可知，乡村创业者无论是男性还是女性，他们的文化程度主要集中于初中文化水平。其中，女性乡村创业者中有11位具有初中文化水平，男性是107位。但同时，我们也可以观察到，在乡村创业者中也有部分大专、本科学历的创业者，这说明，在国家和各级地方政策的鼓励下，越来越多较高文化程度背景的人才加入乡村地区的创业。

表3-2　　　　　　　　　乡村创业者受教育程度情况　　　　　单位：位

学历	女性	男性	总计
小学	0	35	35
初中	11	107	118
中专	2	15	17
高中	4	42	46
大专	8	10	18
本科	6	15	21
其他	7	32	39
小计	38	256	294

资料来源：本书作者回收一手数据。

二、乡村创业者创业企业类型抽样分布特征

由表3-3可知，乡村创业者不同文化程度背景下在选择从事的创业企业类型从样本统计数据来看有较为明显的差别。首先，从乡村创业企业的类别来看，绝大部分的乡村创业企业聚焦于纯种植型（122位从事该类创业，占比41.5%），这也是乡村创业企业所在农业产业、区域特性所决定的。此外，较多的是从事种养结合（22.1%）、农产品加工服务类（15.6%）的创业活动，另一个较为新兴的领域是农业＋电商类型（7.1%）的创业活动，这也反映了当前我国农村地区乡村创业活动的新趋势。其次，从乡村创业者的文化程度分布来看，具有初中文化程度乡村创业者主要集中从事纯养殖型的创业活动（61.1%），以及农产品加工类型创业活动（43.5%）。最后，从新兴

乡村创业活动创业者的文化背景来看，初中（23.8%）、高中（38.1%）以及具有大学文化（9.6%）背景的创业者愿意尝试农业＋电商类型的创业活动。由此可见，上述文化程度分布及从事创业企业类型分布基本符合我国乡村创业人才群体特征分布实际。

表3－3　　　　　不同受教育程度的乡村创业者创办企业类型情况

学历	纯种植型	纯养殖型	种养结合	农产品加工型	种养加休闲	农业＋电商	其他	总计
小学	15 12.3%	1 2.8%	13 20.0%	4 8.7%	0 0	2 9.5%	0 0	35 11.9%
初中	48 39.3%	22 61.1%	22 33.8%	20 43.5%	0 0	5 23.8%	1 33.4%	118 40.1%
中专	4 3.3%	0 0	5 7.7%	4 8.7%	0 0	2 9.5%	2 66.6%	17 5.8%
高中	21 17.2%	3 8.3%	9 13.8%	5 10.87%	0 0	8 38.1%	0 0	46 15.6%
大专	6 4.9%	3 8.3%	4 6.2%	4 8.7%	0 0	1 4.8%	0 0	18 6.1%
本科	8 6.5%	6 16.7%	0 0	6 13.0%	0 0	1 4.8%	0 0	21 7.1%
其他	20 16.4%	1 2.8%	12 18.4%	3 6.5%	1 100%	2 9.5%	0 0	39 13.3%
小计	122 41.5%	36 12.2%	65 22.1%	46 15.6%	1 0.3%	21 7.1%	3 1%	294 100%

资料来源：本书作者回收一手数据。

第三节　乡村创业者的创业精神聚类及差异分析

根据抽样样本中收集的有关乡村创业者对于创业精神的认知水平，来分析乡村创业者在创业精神倾向上的特征。为了获取相对客观的类型划分结果，本书利用 stata 的聚类分析功能，针对创业精神量表所收集的三个维度的数据进行聚类分析，这三个维度分别由"风险承担、创新精神及先动性"构成（Miller，1983；Covin and Slevin，1991；王转弟和马红玉，2020）。首先，对三个维度的变量分别取题项的均值；其次，利用 Stata 的 egen 功能及 std() 命令来分别对三个维度进行标准化处理，并获得三个标准化后的变量 riskjl1、innovjl2 和 proajl3；最后，通过分别对上述三个新获得的标准化后三个变量进行 k-means，即 k 个平均数据的聚类分析，其中将其划分为三类。根据聚类分别对样本进行分类标注，标注变量显示为 _clus_2，我们再对其进行散点图的可视化操作。通过上述操作，我们获得以下聚类分析结果。

一、乡村创业者不同性别创新精神特征的均值比较分析

利用 stata 进行的双样本 t 检验分析功能，对创业精神的维度之一风险承担、创新性及先动性三个子维度进行了男女分组对照分析，我们通过 t 检验分析发现，男性与女性在风险承担上没有统计学意义上的区别，风险承担评价均值在 3.48 左右，t 检验的结果 diff = 0.0006，在 95% 置信区间上跨零，t = 0.0072 远小于 1.96，说明无论男性还是女性乡村创业者在风险承担上没有本质的区别，见表 3 − 4。

表 3 − 4　　　　　两个不同样本（女性组与男性组）同一个变量
（风险承担）的均值比较

群组	观察量	均值	标准误	标准差	[95% 置信区间]	
女	38	3.4824	0.0612	0.37726	3.3584	3.6064
男	256	3.4817	0.0352	0.56446	3.4122	3.5512
总计	294	3.4818	0.0316	0.54338	3.4194	3.544
差异		0.0006	0.0946		− 0.18555	0.18692

注：diff = mean（女）− mean（男）；t = 0.0072 < 1.96
资料来源：本书作者回收一手数据。

同时，通过对另外两个维度创新性、先动性上，利用概率密度函数的估计，通过核密度分布可以看出图 3 − 3、图 3 − 4 所展示的男性乡村创业者、女性创业者在上述变量上没有统计上的显著区别。

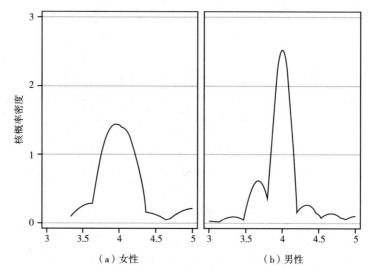

（a）女性　　　　　　　　　（b）男性

图 3 - 3　男性与女性乡村创业者在创新性的核概率密度分布
资料来源：本书作者回收一手数据。

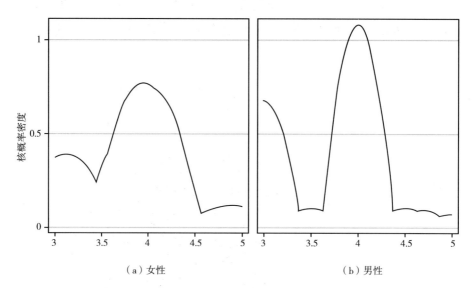

（a）女性　　　　　　　　　（b）男性

图 3 - 4　男性与女性乡村创业者在先动性上的核概率密度分布
资料来源：本书作者回收一手数据。

二、乡村创业者创业精神的聚类分析：基于不同企业类型样本

通过 stata 的 cluster 的 k-means 聚类分析功能类（3 类）均值的聚类分析对样本进行了三类划分，并依据 by（性别）功能，将聚类分析结果分别显示为男性组与女性组。由图 3-5 可知，在女性组，第 2 类别中，纯种养类型企业内的乡村创业者有较高风险承担力；第 3 类别，纯种植类的先动性能力较高；在男性组中，第 1 类别，纯种植类以及种养结合类创新性较高。图 3-6 为根据性别及企业类型获得的创新性维度的倾向性提供了佐证；第 2 类别，种植型企业男性乡村创业者风险承担能力较强；第 3 类别，种养结合型等企业的乡村创业者先动性较高。

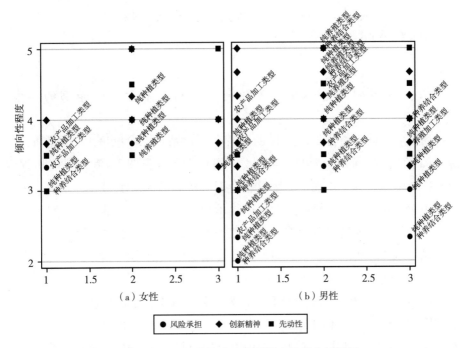

图 3-5　创业精神的企业类型样本聚类分析结果

资料来源：本书作者回收一手数据。

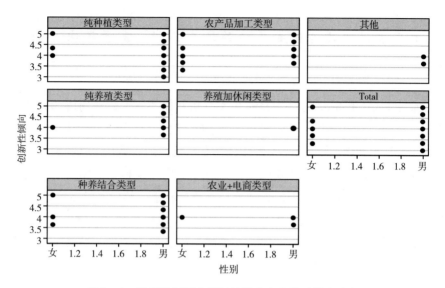

图 3 – 6   根据性别划分创新性维度企业类型样本分布

资料来源：本书作者回收一手数据。

三、乡村创业者创业精神的聚类分析：基于不同学历的样本

通过对不同学历背景的乡村创业者在创业精神三个维度上的不同表现，由 stata 的 by（type）分类型聚类划分，可以看到（见图 3 – 7），从学历程度出发，初中与中专文化程度的乡村创业者有较高的风险承担力，大学、高中以及小学文化水平的乡村创业者的风险承担力较小；从不同企业类型分析来看，纯种植、纯养殖以及种养结合企业类型中，具有初中文化程度的乡村创业者风险承担力较高，农产品加工服务类企业中具有本科学历以及初中文化程度的乡村创业者的风险承担力较高。

由图 3 – 7 可知，单从学历程度出发，初中和本科学历乡村创业者其风险承担性倾向较高；从不同企业类型分析来看，在纯种植类型、纯养殖类型以及种养结合类型企业中具有初中文化程度的乡村创业者同样具有较高的风险承担性倾向，农产品加工类型中本科学历乡村创业者也具有较高的创新性水平。

由图 3 – 8 可知，从学历来看，初中、小学学历的乡村创业者的创新性倾向明显高于其他学历的同行。从不同企业类型分析来看，纯种植类型企业内具有小学文化程度的乡村创业者，其先动性或超前行动力要明显高于初中文化程度的同行竞争者，而在农业＋电商新兴行业中，初中文化背景的乡村创业者先动性或超前行动力要远高于其他学历的乡村创业者（见图3-9）。

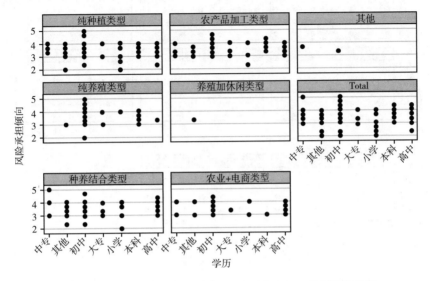

图3-7 基于不同学历样本的风险承担维度企业类型聚类分析

资料来源：本书作者回收一手数据。

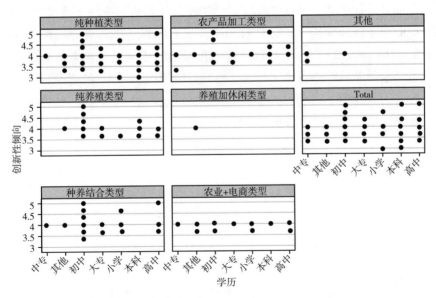

图3-8 基于不同学历样本的创新性维度企业类型聚类分析

资料来源：本书作者回收一手数据。

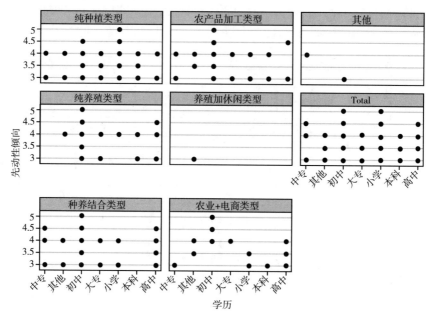

图 3-9　基于不同学历样本的创新性维度企业类型聚类分析

资料来源：本书作者回收一手数据。

　　总而言之，尽管本书所收集的关于乡村创业者基本特征来源样本数据规模有限，但是在抽样样本的分析过程中，我们获得一些具有启示性的发现：乡村创业者无论在性别、年龄以及文化程度上，还是在企业类型的选择上，都具有一定的差异性。当然，造成这些差异的原因相对来说比较复杂，可能并非仅仅因为性别差异或学历差异，但这并不能影响我们后续针对性研究假设的提出，以及为未来进行更大规模数据的验证工作提供一定的样本参考。

第四章 乡村创业者先前经验、知识溢出及产业集群式发展作用机制

政府部门针对乡村经济发展的激励政策，引起了学界对于乡村情境下的创业研究兴趣。然而，学界针对乡村创业的基本形式以及影响机制却并未进行深入讨论，因为乡村创业与其他一般创业行为不同，其关涉部门、要素及流程太多，始终未形成一致认可的创业作用机制（Dias et al.，2019）。虽然如此，学者们针对该领域的研究志趣随着时间推移却日趋浓厚。通过回顾过去近50年乡村创业文献，该领域研究主题经历了三个阶段的变迁：阶段一（2000年以前），主要从企业成长理论、多属性态度理论视角来探讨乡村创业初级形态，即小型家庭农场如何利用政府计划和商业合同来应对农业市场化挑战（Harris，1969；Olsson，1988）；阶段二（约2000～2012年），主要从社会认同理论和计划行为理论出发，讨论如何通过提升乡村创业者创业技能来应对农业多元化发展挑战（Fitz-koch et al.，2018）；阶段三（2013年至今），主要从资源基础理论出发探讨如何通过整合社区以及网络连接资源来开展乡村创业，其创业主体也愈发多元化和复杂化（Dias et al.，2019）。事实上，从乡村创业的上述三个阶段发展来看，现有针对该领域的研究多集中在英国、美国及欧盟等西方发达国家或地区，一些欠发达国家和发展中国家的乡村创业研究则相对要少，特别是对我国的乡村创业研究理论构建还依旧欠缺。同时，对于乡村创业者为何选择乡村而不是城市创业的动力机制缺乏解释。如"三农"问题专家贺雪峰（2020）所解释的那样，乡村创业者之所以选择返乡创业，其内在逻辑在于：基于全国性劳动市场的分工，城市务工所获得的收入无法维持其在城市的体面生活，相反，在乡村熟人社会中，通过利用在城市积累的行业经验进行创业，可以获得高于城市务工所得，并能够照顾到依旧生活在乡村社会中的亲人，一举两得。显然，分析乡村创业者的先前经

验有利于厘清其选择乡村创业的原始动机。

进一步而言，限制乡村创业研究深入推进的影响因素有三。其一，学界普遍将研究重点聚焦于制造业、高科技产业以及服务产业等相关主题之上，而将农业视为低端的或受财政扶持比例大的部门（Lans et al.，2017）。学者们认为，乡村地区的创业模式既单一还缺乏活力，由创业带来的社会效益也不够明显，这也使得学者自然忽视乡村创业过程中的核心主导要素乡村创业者，殊不知，通过提升乡村创业者的素质及其能力，乡村创业的效果和作用可能显著不同。其二，缺乏针对乡村创业群体学习途径和创业知识获取方式的深入分析。如乡村创业者群体在先前工作经验、创业经验和专业经验上是否具备与其他群体不一样的特征？他们获取创业所需的隐性和显性知识如何获取？先前经验、他人创业成功经验如何转化为现有乡村创业个体的知识和经验需要深入解读。其三，由于乡村创业无法摆脱土地这一重要资源约束（Grande et al.，2011），自给自足式的相对单一的创业模式显然不太适应中国当前乡村创业的制度情境。当前，无论是家庭农场、乡村旅游，还是其他农业生产类企业的经营活动，为了突破地域和规模瓶颈，寻求全新的创生成长之路则是当务之急：基于我国农村土地集体所有制的制度特征，创新经营模式，如集群式发展形成乡村创业规模和效益，则可能是乡村创业的一个新思路或新方法。基于以上分析，本书认为有关乡村创业研究需要分析乡村创业者先前经验、知识溢出与集群式发展选择的作用机制。

第一节　理论回顾

一、先前经验

先前经验在现有研究中一般会作为创业成功的重要预测变量（易朝辉和张承龙，2018；董静等，2019）。创业者先前经验的测量方法比较接近，一般会将其划分为三个维度：行业经验，主要是指创业之前在某些产业中参与企业运营和管理的知识，包括产品、流程、技术以及利益相关者关系维护的隐性知识（Staniewski，2016）；创业经验，主要指创业者创业之前至少拥有一次创办企业的经历，是其连续和惯常创业的基础（D'Angelo and Presutti，2019）；职能经验，这部分指创业者之前在企业中曾担任一般管理、市场营销及生产管理等职务，具有职能部门的管理经验，绝大部分职能范式会在新创企业的经营过程中被创业者自动导入（Pellegrino and McNaughton，2017）。为何面对一个创业机会，一些人能够利用现有资源，对创业机会进行开发，并获得创业成功，另外一些人则只能对放在面前的创业机会熟视无睹？除却创业者自身内在特征的差别原因（如创业导向的解释），更多的是这些机会对于同样面临此类机会的社会个体而言是事实存在，需要创业实体依据自身的知识和经验储备来对机会予以开发（专业知识、先前经验、管理经验以及创业经验）。否则，即使这些人拥有基本的创业资源：资金和市场，但创业主体自身因为缺乏开发此类机会的基本专业知识和经验，也只能视机会为过眼云烟。

二、知识溢出

从知识溢出的理论角度出发，企业通过嵌入产业网络，从网络自然性或者有意识性的知识溢出，获得一些有价值、稀少及难以模仿的资源，以实现企业的竞争优势和优异的长期绩效（Barney，2001）；若从资源基础理论的创造视角出发，可以对创业机会研究提出以下问题：哪些企业，以及通过何种程序来获取"有价值、稀少的和难以模仿"的资源，并使得企业获得竞争优势？从利益相关者理论出发，企业的目标实现会有利于企业的利益相关者，如企业股东、受雇者、顾客、供应商、本地社区、政府以及投资人（Freeman，2009）。若从机会的发现视角出发，可以提出问题"创业者如何利用企业股东来发现机会？"；若从机会创造视角出发提出问题"创业者如何通过与其他股东共同努力来创造实现互利的创业机会？"。不完全契约理论指出，公司治理需要考虑如下情形：公司一般会进行如下交易，公司创立者在公司里未来的产出或收益无法在公司创立之初时进行清晰的合约界定（P. Antràs，2011）。既然企业无法事先签订协议，特别是关系协定，那么，不完全契约理论（ICT）则建议企业的相关主体需要对企业拥有剩余控制权，从而代表企业做决策。而拥有剩余控制权的个体则被视为对企业产出拥有最多受益者，从而所做决策对企业而言最优，这样可以假定企业的未来可期。现在的问题是"谁拥有最多收益？""如何对这些决策权进行分配？"如果从机会"共创"视角出发，未来无法预测，因为决策权会随着时间推移在企业创立者间不断腾转挪移。带来的另一个问题是"我们如何建立创业团队，在机会开发过程中如何对他们的决策权进行划分？"。简言之，造成上述问题的关键在于处于产业网络内的各种显性与隐性知识存在一定的溢出效应，溢出后形成的知识再造会产生诸如应对模仿效应、连锁效应等议题，那么，解决上述问题就要采取如何将知识溢出的外部效应进行内化的措施，显然，产业集群式发展则是重要选择。

三、产业集群式发展

正因为上述知识溢出和技术溢出效应的存在，这一正的外部效应将会带来与溢出知识和技术相匹配落地产业的集聚，产业链条的上游、下游产业在各地地方政府的大力扶持之下，朝着各类"农业科技产业园""农业产业园"聚集（李同昇和罗雅丽，2016），并进而形成了产业集群式发展态势。其中，农业产业集群式发展有其内在动力、市场外部动力以及政府政策推动的三层动机。在农业产业园区内，具有示范和引领性质的企业往往具有积极开发和创新农产品品种及创新农业生产技术的内在动力，这样可以通过领先的农业技术优势获取超额利润，园区内的农业科技型小微企业因为自身财力有限，也希望通过园区内先进的农业技术或知识的外溢获得一定的成长机会；由于农产品的市场需求具有一定的普适性，一种新农产品在市场上的推广销售及流行，会吸引一批该产品价值链上的企业聚集，乃至科研部门、农业类大学等组织的聚集，通过产业的集聚来提升此类产品的生产效率，也可以助推相关产品生产技术在同类企业间的快速推广和扩散。显然，农业产业集群的发展具有对市场需求的拉动和诱导作用；由于农业技术推广或农业生产具有高度的不确定性和风险性，单一的企业投入或社会投入不足以帮助企业获得长远发展，政府从政策层面对农业产业集群企业给予适当引导和调控，能够助推农业产业集群的健康发展。例如，通过入驻农业产业园区的优惠税收政策、政府部门的牵线搭桥，让产业园区内、产业集群内的龙头农业企业同农业科技型中小微企业形成一定的专业分工（郑春华和黄和亮，2014），从而形成高效的集群创新网络，这对整个农业产业集群的发展具有重要推动作用。

第二节 假设提出

一、乡村创业者先前经验对于知识溢出的影响

经验丰富的创业者相比创业新手而言，更容易通过自身经验储备来快速把

握创业机会且利于企业绩效提升，因为在高风险创业过程中，通过以往创业失败所获得的信息和知识能够使创业者有效规避后续创业失败陷阱，从而达到创业产出的落地效果（Pryor et al.，2016）。针对一些中小企业的研究也发现，拥有创业经验和产业经验可以提升创业者自信心，明确创业导向和学习导向，并最终提升企业国际化水平及绩效水平（Deb et al.，2017）。当然，不是所有学者均将先前经验作为企业绩效提升直接影响变量，而将其作为创业导向与创业绩效的调节变量进行讨论（D'Angelo and Presutti，2019）。对于乡村地区的创业而言，因为其独特的情境性，乡村创业者的先前经验到底是创业产出的"助推剂"还是"绊脚石"，并未形成统一的意见（Osiyevskyy and Dewald，2015；杨特等，2018），但是，从乡村创业者的独特先前经验，即乡村创业者通过在农业生产中积累的农业技术经验、外出务工获取的产业管理经验、市场营销经验等，不断整合乡村地区的农业资源、地方政府的政策资源、农业技术推广资源来开展的创业活动可知，先前经验就是一种将内隐性知识（传统积累的经验资源和农业技术知识等）不断外显化的过程。显然，这利于知识外溢，通过乡村创业的成功示范作用，可以带动周边的村民开展创业模仿，从而形成一定创业集群，如山东寿光的蔬菜生产产业集群、江浙地区的一村一品等，其主要人力和资源往往聚焦于某一类农产品的生产。基于此，本书提出以下研究假设：

H1. 乡村创业者先前经验利于提升知识溢出效率。

二、农业知识溢出对于农业产业集群式发展的影响

乡村创业过程离不开核心农业技术或知识的应用，而农业技术或知识的扩散则因为乡村社会特有的社会网络，使其具有"以点带面"的网络化过程特征（Munshi，2004）。叶敬忠（2004）将乡村社会中的创新社会网络划分为"功能性社会网络"和"建构性社会网络"，顾名思义，前者主要是在农村社区内农户（一般指从事专业农业生产的农户，如养鸡、养猪等专业户）涉农结构或组织之间因技术或业务功能而建立起来的沟通关系网络；后者主要是通过血缘、亲缘以及地缘关系相互关联而建构起来的社会关系网络。显而易见，为了抵御相似的市场经营风险、自然灾害，一些农业技术或知识（如养殖技术）的转化与运用，在上述两个网络协助下，往往形成正的外部性：一些技术、资金和信息也会在农民创新网络中共享，众多农户会跟随创业成功的示范户上马相关项目，从而催生农业某类产业集群的形成和发展

（刘福英，2014）。基于此，本书提出以下研究假设：

H2. 农业技术或知识溢出促进农业产业集群式发展。

三、乡村创业者先前经验协同知识溢出对农业产业集群式发展影响

受限于普遍文化水平不高的缺点，乡村创业者的创业过程往往充满更高的不确定性，失败概率更高，因而需要乡村创业者不仅具有较为丰富的农业知识和熟练的相关农业技术应用经验，还需要有较强的新知识吸收和学习能力（许爱萍和雷玎函，2016）。基于亲缘与地缘空间的邻近性，使农民社会网络中的乡村创业者因共同农业生产和经营效益目标，对全新农业技术或知识获取具有更加一致的内驱力。农业隐性知识需要通过实际的创业活动将其外显化，这其中既有农业产业链条中处于高位的农业科研院所的创新开发，又有政府农业技术推广部门的政策推动，更需要乡村创业者的具体吸收和转化。在上述创业转化过程中，围绕全新农业技术的转化将逐步吸引更多的创业和创新跟进者，形成各类农业生产专门服务组织、中介组织以及农业专业合作组织的聚集（李同昇和罗雅丽，2016）。故而，乡村创业过程中，乡村创业者的先前经验与农业知识溢出可能对推进农业产业集群式发展路径产生交互效应。现实中，一些学者也发现，先前经验不一定对创新与合作意识产生正向的作用关系，这要看不同属性特征个体，如女性乡村创业者与男性乡村创业者，他们对创新与合作意识可能有所不同，女性创业者更倾向于生存型创业（王转弟和马红玉，2020）。基于此，我们提出以下两个相反的研究假设：

H3a. 乡村创业者先前经验协同农业知识溢出正向作用农业产业集群式（倾向）选择。

H3b. 乡村创业者先前经验协同农业知识溢出负向作用农业产业集群式（倾向）选择。

基于上述三个核心假设，构建本书的主体概念研究模型，见图4－1。

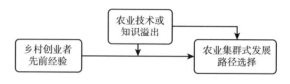

图4－1　概念模型

第三节　研究设计

一、变量测量

为了确保测度的变量能够有效捕捉现实中被访谈对象的真实内容，本书将基于前人针对先前经验、知识溢出以及产业集群发展的相关成熟量表来对上述核心概念进行测度，从而使本书所采用的问卷具有较高的信度、效度。先前经验（PE）则主要借鉴谢恩（Shane，2000）、易朝辉等（2019）以及曾亿武、陈永富和郭红东（2019）等对于先前经验的测量量表，结合乡村创业者的特征，将先前经验设置为三个维度：农业产业经验、先前创业经验以及农技培训经验。其中，产业工作经验维度包含"农业产业持续时间、工作强度、农业技术含量、先前产业工作经验与本创业项目相关性"等四个题项；先前创业经验，包含"先前创业持续时间、先前创业产业相似性、先前创业次数以及先前创业对本次创业影响程度"等四个题项；农技培训经验包含"先前参加农业培训持续时间、先前相关培训次数、农业培训收获度"等三个题项。农业知识溢出（KS）的测量主要借鉴拉巴尔特等（Labarthe et al.，2016）、杨建昌（2016）的研究，本书将农业知识溢出从"知识受益"维度、"知识分享"维度出发进行测量。前一个维度主要用"乡村创业所在地农家科技小院的帮扶、乡村创业新型主体每户拥有农技咨询的比例程度、创业主体接受一对一咨询频次"等三个题项；后一个维度，则主要通过"乡村创业主体主动向农技专家反映创业过程中的技术实践难题、农业技术员工在本地工作流动程度以及乡村创业主体之间技术互助程度"等三个题项来测量。对于"产业集群发展"路径选择的测量，则主要借鉴了考斯佳等（Korsgaard et al.，2015）及法尔加等（Farja et al.，2017）的做法，对于乡村创业的"产业集群式发展"路径选择的测量，主要从"本企业倾向于农业产业园区发展或设有办公室、本企业临近产业园区程度、与其他企业联系程度、创业企业增加了更多的合作伙伴"等四个测度题项展开测量。

当然，为了更好地展示乡村创业者先前经验、知识溢出以及产业集群式发展的主体作用机理，并尽量控制外部干扰因素的影响，本书还对乡村创业企业创始人文化程度、性别、创业年限、所处行业等变量进行了控制。

二、数据来源及描述统计分析

为了验证前文所预设的主要概念模型，并根据本书主要研究对象乡村创业者的主要特征，本书主要选取了一些具有代表性的新型农业经营主体，如农民专业合作社的创始人、家庭农场主、新型职业农民、农业科技型小微企业的创办人作为问卷调查的发放对象。在先期（2017 年）开展预调研的基础之上，本书的主要负责人带领和指导研究生于 2018～2019 年开展了后续的实地问卷调研工作，其中，2019 年还利用孝感市新型职业农民培训会在湖北工程学院经济与管理学院培训的机会发放（培训对象主要为家庭农场主）问卷。前后总计发放 400 份调查问卷，共回收有效问卷 294 份，有效率为 74%。调查的样本覆盖湖北省孝感市孝昌县、云梦县、安陆市等，回收样本具有一定的代表性。表 4－1 具体显示了本书的样本基本特征。

表 4－1　　　　　　　　　　　样本基本特征

变量	题项	频数	百分比（%）	变量	题项	频数	百分比（%）
性别	男	256	87.1	企业类型	纯种植型	122	41.5
	女	38	12.9		纯养殖型	36	12.2
年龄	24～40 岁	91	31.0		种养结合型	65	22.1
	41～50 岁	128	43.5		农产品加工型	26	8.8
	51～60 岁	67	27.8		种养加休闲型	22	7.5
	大于 60 岁	8	2.7		农业＋电商型	20	6.8
学历	小学	35	11.9		其他	3	1.1
	初中	118	40.1	企业年龄	2 年及以下	14	4.8
	中专	17	5.8		3～4 年	72	24.5
	高中	46	15.7		5～7 年	203	69.0
	大学及以上	78	26.5		8 年以上	5	1.7
企业规模	小于 2 人	188	63.9				
	3～5 人	100	34.0				
	6 人及以上	6	2.1				

三、量表信度与效度检验

为了检验量表的信度，本书针对量表的所有题项进行了主成分因子分析，以此检验本书中收集的样本数据是否符合基本的因子分析条件要求。其中，主要用到的检验指标有，所有题项所对应变量的累积方差贡献率、KMO 值、Bartlett 值及 AVE 值，在对所有样本数据进行最大正交旋转后，获得了如表 4 - 2 所得的实际值（表中同时列出达标参考值）。由表 4 - 2 可知，乡村创业者先前经验测度题项中删除因子载荷值低于 0.50 的题项后，获得三个主要因子。本书将其分别命名为"农业产业工作经验、先前创业经验和农技培训经验"。表 4 - 2 显示，主成分因子分析所获得的三个核心因子的累积方差贡献率为 55%，说明所提取的主成分因子解释了数据绝大部分内涵。其中，先前经验的探索性因子载荷值均高于 0.60，且其总体 KMO 值为 0.882，Bartlett 球形检验值为 2731.4（$p < 0.001$）。此外，平均方差抽取值（AVE）基本在 0.52 以上，每一个对应因子的信度值 Cronbach's α 均高于 0.60。以上参考指标可以判断针对先前经验的量表所收集的样本数据适合开展因子分析，且量表有较高的信度。

表 4 - 2　　　　　　　　　三个核心变量的探索性因子分析结果

题项	序号	因子载荷值						AVE 提取	Cronbach's α
		因子 1	因子 2	因子 3	因子 4	因子 5	因子 6		
农业产业工作经验	ex1	0.739						0.529	0.814
	ex2	0.710							
	ex3	0.764							
	ex4	0.688							
创业经验	pe1		0.818					0.643	0.901
	pe2		0.841						
	pe3		0.835						
	pe4		0.838						
农技培训经验	se1			0.676				0.453	0.637
	se2			0.715					
	se3			0.666					

续表

题项	序号	因子载荷值						AVE 提取	Cronbach's α
		因子 1	因子 2	因子 3	因子 4	因子 5	因子 6		
知识受益	ks1				0.862			0.557	0.933
	ks2				0.842				
	ks3				0.810				
知识分享	ks4					0.814		0.638	0.921
	ks5					0.840			
	ks6					0.786			
产业集群式发展	ic1						0.622	0.539	0.704
	ic2						0.752		
	ic3						0.805		
	ic4						0.744		

对于知识溢出变量的测度，知识溢出的总 KMO 值为 0.834，Bartlett 的球形度检验值为 1659.104（p<0.001），两个维度"知识受益"和"知识分享"的因子载荷值均在 0.80 以上，Cronbach's α 值均在 0.90 以上，平均方差抽取值 AVE 均在 0.55 以上。同样，本书的知识溢出量表对于本书问题切题性以及量表的信度都较高，能够反映实际相关问题，本书收集的样本也适合针对上述变量进行因子分析。对于产业集群发展的测量，产业集群发展变量的总 KMO 值为 0.724，Bartlett 的球形度检验值为 220.661（p<0.001），因子载荷值均在 0.60 以上，平均方差抽取值 AVE 均在 0.50 以上，针对乡村创业企业的产业集群式发展的测量量表具有较高的信度，且收集的数据比较适合因子分析。

对于量表的收敛效度判断，主要通过验证性因子分析中的模型配适度检验指标来进行衡量和判断；而量表的区分效度本书将利用核心变量维度的相关系数矩阵来予以判断。首先，对于乡村创业的先前经验三个核心维度、知识溢出两个维度以及产业集群发展的收敛效度进行判断，表 4-3 则显示了针对上述概念的验证性分析结果，所展示的卡方/自由度比值 [适配标准或临界值：$0<\chi^2/(df)<2.00$]，拟合优度指标 GFI 值（大于 0.90 以上），调适后 AGFI 值（大于 0.90 以上），渐进残差均方和平方根指标 RMSEA（$0<$ RMSEA <0.08；良好）来判断，上述指标均通过临界值的检验。故而，本书采用的针对上述三个核心概念量表的使用具有较好的收敛效度，同时，也表

明本书理论建构复制矩阵能够较好解释样本数据的 S 观察矩阵的变异量。其次，为了检验相关变量间的区分效度，表 4-4 显示了本书主要概念间的两两相关系数，以 Pearson 相关系数为例，其所有两两相关系数的绝对值处于 0.16~0.53 之间（除去知识受益同创业经验间相关系数较小外），这说明本书的主要核心变量间具有较为明显的区分效度。

表 4-3　　　　　　　各主要变量的验证性因子分析结果

变量名称	题项号	标准因子载荷	t 值	拟合指标			
				$\chi^2/(df)$	GFI	AGFI	RMSEA
农业产业工作经验	ex1	0.768	7.26	1.004	0.965	0.953	0.002
	ex2	0.624	2.04				
	ex3	0.752	2.76				
	ex4	0.756	5.85				
先前创业经验	pe1	0.756	3.52	1.164	0.923	0.915	0.013
	pe2	0.843	3.53				
	pe3	0.876	5.71				
	pe4	0.723	2.30				
农技培训经验	se1	0.716	4.23	1.728	0.914	0.903	0.035
	se2	0.632	3.03				
	se3	0.669	3.40				
知识受益	ks1	0.848	15.88	1.040	0.946	0.934	0.009
	ks2	0.743	3.05				
	ks3	0.632	2.61				
知识分享	ks4	0.842	16.62	1.168	0.921	0.910	0.018
	ks5	0.779	4.19				
	ks6	0.773	3.52				
产业集群式发展	ic1	0.602	2.04	1.157	0.932	0.921	0.016
	ic2	0.673	2.16				
	ic3	0.733	2.99				
	ic4	0.719	2.87				

表 4 - 4   核心变量间的相关系数矩阵

变量名称	Mean	SD	产业经验	创业经验	培训经验	知识受益	知识分享	产业集群
产业经验	3.997	0.308	1	0.47 **	0.23 **	0.15 **	0.14 **	0.19 **
创业经验	4.095	0.304	0.53 **	1	0.26 **	0.07	0.16 **	0.23 **
培训经验	3.773	0.381	0.34 **	0.41 **	1	0.21 **	0.12 **	0.31 **
知识受益	3.812	0.352	0.16 **	0.09	0.16 **	1	0.60 **	0.15 **
知识分享	3.868	0.358	0.17 **	0.17 **	0.16 **	0.75 **	1	0.13 **
产业集群	3.722	0.338	0.28 **	0.34 **	0.43 **	0.14 **	0.14 **	1

注：对角线左下侧报告了 Pearson 相关系数，对角线右上侧报告了 Spearman 相关系数； ** $p <$ 0.05（双边检验）。

四、实证结果分析

为了验证前文所提出的三个主要假设及其研究模型，本书基于前文所介绍收集的样本数据，利用多层次回归分析、分组回归分析等方法来进行检验。首先，为了避免上文所提到的核心概念可能存在的多重共线性问题，本书还通过借助统计分析软件 stata15.0 的共线性诊断外部命令 collin 命令，获得的各个变量的 VIF 的值均小于 2，Condition number < 10，以上检验结果表明本书的核心变量不存在明显的多重共线性问题。其次，通过多层次回归分析，本书获得表 4 - 5 实证分析结果。乡村创业者的先前经验变量中的三个维度，除模型 M1 中产业经验对于乡村创业者个体在知识受益层面有较为微弱的正向作用关系外（ $\beta = 0.14$ ， $t = 1.82$ ， $p < 0.1$ ），产业经验、创业经验以及培训经验对于知识溢出，以及知识溢出的两个维度知识受益、知识分享作用关系不够显著。故而，假设 H1 仅获得微弱支持。从知识溢出对促进农业产业集群式发展的作用机制来看，模型 5 和模型 6 表明知识溢出对乡村创业企业选择产业集群式发展的正向作用比较显著（模型 5 中 $\beta = 0.113$ ， $t = 1.86$ ， $p < 0.1$ ；模型 6 中 $\beta = 0.141$ ， $t = 2.47$ ， $p < 0.05$ ），假设 H2 获得本书数据支持。乡村创业者的先前经验协同知识溢出对产业集群的发展作用机制，由模型 M4 和模型 M6 清楚地表明，潜变量先前经验（总）对于集群式发展选择的倾向非常高（模型 M4 中 $\beta = 0.556$ ， $t = 7.99$ ， $p < 0.01$ ；M6 中在加入交互项后，先前经验的回归系数 $\beta = 1.859$ ， t = 3.41，p < 0.01)，且模型 M6 中知识溢出（总）也对产业集群式发展呈现正向作用关系（β = 1.411，t = 2.47，p < 0.01）。换言之，先前经验越丰富的乡村创业者更倾向于开展产业集群式发展，同样，知识溢出在客观层面也将促使乡村创业企业自然形成产业集群式发展。但从模型 M6 和模型 M7 的分析结果可以看到，如果先前经验同知识溢出两个总的潜变量的交互项加入模型 M6 后（图 4 – 6 显示了三者之间的立体作用关系），二者的交互作用对于产业集群式发展形成负向作用（先前经验×知识溢出的回归系数 β = – 0.348，t = – 2.42，p < 0.05)，交互效应图 4 – 2 显示通过简单斜率检验（通过均值 + / – 一个标准差），设置三个变量的最高值、最低值予以判断，二者的协同作用对产业集群式发展倾向具有负向影响作用，图 4 – 3 与图 4 – 4 的交互效应也显示了如图 4 – 2 一样的相反情形，交互项培训经验×知识分享（回归系数 β = – 0.376，t = – 2.74，p < 0.01）对于产业集群式发展有显著的负向作用，同时，创业经验×知识受益对于产业集群式发展也有较弱的负向作用关系（回归系数 β = – 527，t = – 1.95，p < 0.1)，假设 H3b 获得本书数据的支持。从模型 M7 中可以看到，在加入先前经验的三个子维度同知识溢出的两个子维度的两两交互项后，产业经验×知识受益对产业集群发展有较弱的正向作用关系（回归系数 β = 0.448，t = 1.80，p < 0.1)，图 4 – 3 产业经验与知识受益的交互效应图显示二者的正向作用交互关系，假设 H3a 获得支持。这从侧面说明，知识溢出对于先前经验同乡村创业的产业集群式发展有较强的负向调节作用，故而本书的实证数据分析结果同假设 H3 所设想的结果恰恰相反，先前经验并没有协同知识溢出对乡村创业企业的产业集群式发展路径产生正向作用，究其原因，可能的解释是：作为乡村创业者主观上倾向于集群式发展，但自身所获得的培训经验、创业经验在客观上协同知识溢出对产业集群式发展产生了一定的负向影响。这也从侧面说明，作为知识外溢的接受者（即知识外溢可能产生一定的负效应）可能会依据创业者在产业中的表现来判断其是否加入乡村创业队伍之中，若乡村创业的效果不太好，可能对于大批新加入或计划加入这一创业群体的意向会有负向影响作用，这也同现实中的情形相符合，一般乡村创业活动具有很强的示范性，若依据先行乡村创业者的个体表现好，在乡村创业所属地能够形成较强的产业聚集作用；但一旦表现较差，即使地方政府在当地设立的农业产业园区，乡村创业企业入驻园区的意愿也就较弱。

表 4 – 5   多元线性回归结果表

变量名称	M1	M2	M3	M4	M5	M6	M7
	知识受益	知识分享	知识溢出	集群发展	集群发展	集群发展	集群发展
产业经验	0.140 * (1.82)	0.082 (1.06)	0.108 (1.51)				−0.557 (−0.77)
创业经验	−0.019 (−0.24)	0.091 (1.15)	0.041 (0.56)				1.005 (1.31)
培训经验	0.095 (1.64)	0.065 (1.12)	0.078 (1.46)				0.848 * (1.92)
知识受益							−0.273 (−0.26)
知识分享							1.146 (1.36)
先前经验 （总）			0.262 (1.46)	0.556 *** (7.99)		1.859 *** (3.41)	
知识溢出 （总）					0.113 * (1.86)	1.411 ** (2.47)	
先前经验 × 知识溢出						−0.348 ** (−2.42)	
产业经验 × 知识受益							0.448 * (1.80)
产业经验 × 知识分享							−0.269 (−1.07)
创业经验 × 知识受益							−0.527 * (−1.95)
创业经验 × 知识分享							0.310 (1.16)
培训经验 × 知识受益							0.205 (1.18)
培训经验 × 知识分享							−0.376 *** (−2.74)
纯养殖类	−0.090 (−1.40)	0.008 (0.12)	−0.037 (−0.61)	0.019 (0.34)	0.034 (0.55)	0.012 (0.22)	0.036 (0.64)
种养结合类	−0.080 (−1.53)	−0.048 (−0.92)	−0.063 (−1.29)	0.066 (1.47)	0.110 ** (2.23)	0.061 (1.35)	0.057 (1.28)

续表

变量名称	M1	M2	M3	M4	M5	M6	M7
	知识受益	知识分享	知识溢出	集群发展	集群发展	集群发展	集群发展
农产品加工型	-0.136** (-2.33)	-0.150** (-2.53)	-0.144*** (-2.63)	0.208*** (4.12)	0.231*** (4.10)	0.205*** (4.02)	0.201*** (3.99)
养殖加休闲类	0.072 (0.22)	0.041 (0.12)	0.055 (0.18)	0.173 (0.60)	0.184 (0.58)	0.164 (0.58)	0.152 (0.54)
农业+电商型	-0.025 (-0.32)	-0.030 (-0.38)	-0.028 (-0.38)	0.214*** (3.14)	0.178** (2.38)	0.200*** (2.96)	0.194*** (2.90)
其他类	-0.196 (-0.99)	0.127 (0.63)	-0.020 (-0.11)	0.064 (0.37)	0.044 (0.23)	0.057 (0.34)	0.104 (0.62)
性别 (男)	-0.014 (-0.23)	0.023 (0.37)	0.006 (0.11)	-0.022 (-0.42)	-0.098* (-1.68)	-0.044 (-0.81)	-0.029 (-0.53)
小学	1.009*** (2.96)	0.905*** (2.63)	0.953*** (3.00)	0.188 (0.64)	0.300 (0.91)	0.061 (0.20)	0.124 (0.40)
初中	1.114*** (3.28)	1.125*** (3.29)	1.120*** (3.54)	0.303 (1.04)	0.491 (1.49)	0.144 (0.48)	0.200 (0.64)
中专	0.890** (2.57)	0.794** (2.27)	0.838** (2.59)	0.079 (0.27)	0.266 (0.80)	-0.064 (-0.21)	-0.027 (-0.09)
高中	1.226*** (3.59)	1.224*** (3.55)	1.225*** (3.85)	0.351 (1.19)	0.535 (1.61)	0.202 (0.67)	0.262 (0.83)
本科	0.932** (2.48)	0.966** (2.55)	0.951*** (2.72)	0.430 (1.33)	0.533 (1.47)	0.288 (0.88)	0.318 (0.93)
其他	1.170*** (3.44)	1.152*** (3.36)	1.160*** (3.66)	0.449 (1.53)	0.563* (1.71)	0.284 (0.94)	0.344 (1.10)
企业创办年限	-0.013 (-0.74)	-0.015 (-0.89)	-0.014 (-0.89)	0.006 (0.41)	0.026 (1.63)	0.007 (0.51)	0.009 (0.60)
常数项	2.011*** (4.53)	1.923*** (4.30)	1.963*** (4.75)	1.123*** (2.98)	2.684*** (7.33)	-3.982* (-1.88)	-1.864 (-0.80)
N	294	294	294	294	294	294	294
F	3.360	3.657	3.814	8.074	3.909	7.689	6.245
调整后 R^2	0.139	0.154	0.161	0.303	0.152	0.313	0.334

注：表格中数值为回归系数，括号内为 t 值；$*p < 0.1$，$**p < 0.05$，$***p < 0.01$。

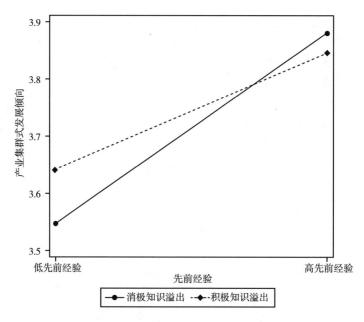

图4-2 先前经验（总）与知识溢出（总）对于产业集群式
发展（倾向）选择的交互效应

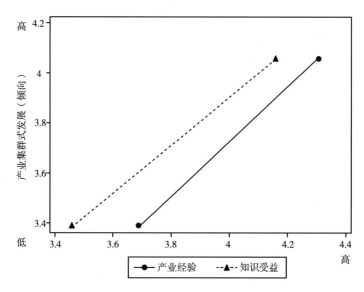

图4-3 产业经验与知识受益对于产业集群式
发展（倾向）选择的交互效应

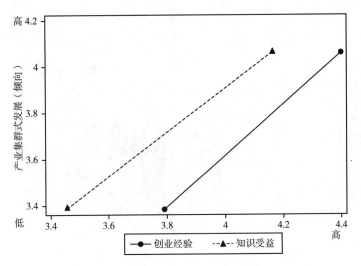

图4-4　创业经验与知识受益对于产业集群式
发展（倾向）选择的交互效应

最后，为了厘清为何先前经验与知识溢出对于乡村创业企业产业集群式发展路径的选择负向作用效应，本书分析，可能存在创业者主体在创业特质上的差异，如一些创业者具有较强的知识分享意识，一部分创业者可能不太愿意主动分享自己积累的产业、创业以及培训经验，从而造成先前经验协同知识溢出对产业集群式发展的负向作用结果（见图4-5和图4-6）。本书对

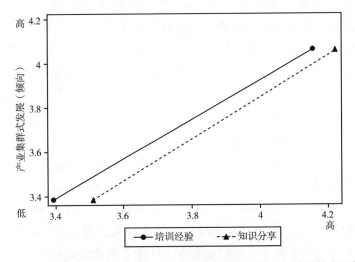

图4-5　培训经验与知识分享对于产业集群式发展（倾向）选择的交互效应

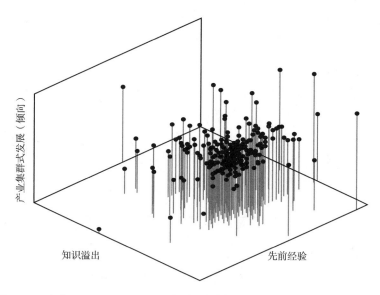

图 4 - 6　先前经验、知识溢出及产业集群式发展（倾向）作用关系三维效应

乡村创业者主体从性别来进行探讨，尝试分析：男性乡村创业者与女性乡村创业者对于产业集群式发展的太多的不同。在模型设置中，考虑是否需要对男性乡村创业者和女性乡村创业者进行分组回归分析，通过 Chow 结构突变检验（即邹检验），我们发现，在将产业集群式发展作为因变量，考虑其对先前经验、知识溢出主效应，先前经验与知识溢出的交互效应等的回归分析时，邹检验结果显示为：Chow Test = 1. 82，P-Value > F（13,260）= 0. 0403，说明回归模型中需要分别考虑男性创业者与女性创业者对于产业集群发展的不同态度。故而，本书根据收集的样本数据将其划分为乡村创业者男性组与女性组来进行回归的比较分析。表 4 - 6 中两个比较结果显示，女性组中，先前经验（回归系数 β = - 0. 647，t = - 2. 04，p < 0.1）、知识溢出（回归系数 β = - 3. 986，t = - 2. 24，p < 0. 05）对产业集群式发展的作用关系均是负向的，但二者交互项则对产业集群式发展是正向的；男性组中，先前经验（回归系数 β = 2. 781，t = 4. 37，p < 0. 01）、知识溢出（回归系数 β = 2. 390，t = 3. 52，p < 0. 01）对产业集群式发展的作用关系是正向的，同理，二者交互项对产业集群式发展却是负向的。这说明，在探讨先前经验、知识溢出对乡村创业发展路径的选择影响机制的分析中，我们不能忽视乡村创业者主体特征，男性乡村创业者与女性创业者可能存在不同的发展道路倾向或选择，这也可能是本书的另一个意外发现。此外，我们通过对乡村创业企业类型对于产业

集群式发展路径选择影响的分析发现：农产品加工型以及农业 + 电商型的企业更倾向于选择产业集群式发展路径。

表 4 - 6　　　　　　　乡村创业者区分不同性别组的回归分析结果

变量名称	（1）女性组 产业集群式发展	（2）男性组 产业集群式发展
先前经验（总）	- 3.647 * （ - 2.04）	2.781 *** （4.37）
知识溢出（总）	- 3.986 ** （ - 2.24）	2.390 *** （3.52）
先前经验 × 知识溢出	1.010 ** （2.31）	- 0.601 *** （ - 3.48）
纯养殖类	- 0.001 （ - 0.00）	0.009 （0.15）
种养结合类	0.014 （0.10）	0.083 * （1.75）
农产品加工型	0.156 （1.12）	0.203 *** （3.64）
养殖加休闲类		0.170 （0.61）
农业 + 电商型	0.120 （0.37）	0.200 *** （2.93）
其他		0.099 （0.59）
小学		0.197 ** （2.21）
初中	0.812 * （1.72）	0.280 *** （3.47）
中专	1.085 ** （2.37）	
高中	0.555 （1.26）	0.349 *** （3.96）
本科	0.912 * （1.88）	0.314 *** （2.77）

续表

变量名称	（1）女性组 产业集群式发展	（2）男性组 产业集群式发展
其他	1.021 ** (2.13)	0.403 *** (4.42)
企业创办年限	0.050 (1.03)	0.005 (0.35)
常数项	17.007 ** (2.44)	-7.721 *** (-3.09)
N	38	256
F	2.079	7.886
调整后 R^2	0.290	0.327

第四节　研究结论及启示

一、主要研究结论及理论解释

特殊背景下的创业，诸如乡村地区的创业活动，它们的创业动力与创业发展路径可能明显异于城镇地区的创业活动。因为受制于环境、政策制度等因素，乡村创业更需要依赖于创业者个体在特殊情形下创业所务必具备的经验：产业经验、创业经验以及培训经验，有助于其提升乡村创业成功的概率，反之，可能在创业道路上需要交上更多的"学费"（D'Angelo and Presutti，2019；董静等，2019）。创业过程也是知识不断学习积累和外溢的过程，创业成功的秘诀往往是隐性的，但创业的行为和产出往往又是显性的，其他创业者从创业成功者身上通过利用式和探索式的学习往往能够促进创业取得好的效果（姚柱、罗瑾链等，2020）。显然，对于乡村创业的研究需要既注重乡村创业者个体先前经验的作用，还要注重观察知识溢出可能对创业过程产生的影响。本书则基于知识溢出的视角，通过一手收集处于不同创业阶段的乡村创业者的294份有效样本数据，尝试分析先前经验对创业发展路径选择：产业集群式发展路径的影响机制。通过前文的实证分析结果，我们可以获得以下主要研究结论。

首先，在高度不确定性环境下的乡村创业活动，需要通过创业者个体先前在相近的产业中积累一定的工作或者创业经验，有利于乡村创业者在创业过程中获得一定的指导，使其在知识获取和利用上真正受益，帮助乡村创业者避免一些不必要的创业陷阱或失误。在前文的实证分析结果中，虽然通过培训所积累的经验对于知识受益以及知识分享的作用并不显著，但在实际的创业过程中有针对性的农业相关技术的培训是必要的，创业者若对相关农业技术不熟悉就难以避免不遭受创业挫折甚至失败。其中，一个重要的解释可能是在现实中，针对乡村创业者的实际培训效果没有得到被培训者的认可。这对创业以及农业技术的各项培训来讲也是一个重要的提醒。

其次，乡村创业过程中，知识溢出对于促进乡村创业产业集群式发展路径的选择有客观积极的促进作用，同时，乡村创业者先前经验的累积也有利于该发展路径的选择，当然，需要具体分析乡村创业者的个体主观意愿（针对这一点实证发现，下一个结论中将详细阐述）。创业过程是一个知识学习的连续过程，也是一个知识不断积累和迭代的过程，需要应市场的变化不断补充和丰富已有专业知识和创业相关知识，特别是随着近年来移动互联网技术、物联网技术等对农业产业的影响，乡村创业者必须通过自身积极的努力来不断更新自身已有知识，从而获得创业过程中的主动权。一些学者通过已有研究同样指出，乡村创业者需要积极通过双元式的学习（利用式学习和探索式学习），以及互联网嵌入的方式来提升创业精神，并最终提升创业绩效（王转弟和马红玉，2020；姚柱等，2020）。显然，通过先前经验的积累使得知识溢出数量和质量提升，乡村创业者通过知识学习受益，并客观对其他创业者形成分享，创业行为形成示范作用，乡村创业的产业集群式发展路径会客观形成，无论其主观意愿是否积极。当然，乡村创业形成了产业聚集，反过来又提升了知识溢出效率，这有利于提升乡村创业者知识受益和知识分享的效果。

最后，先前经验与知识溢出对乡村创业产业集群式发展路径选择有较为明显的协同效应，但存在正向效果与负向效果并存的现象。其中，先前经验中产业经验维度与知识溢出的知识受益维度对产业集群式发展有正向作用，其他几个维度的协同效应则对产业集群式发展产生负向作用。通过前文进一步的实证分析，本书发现原因有三：其一，通过前文的样本描述统计可以看到，乡村创业者的普遍文化程度不高，虽然近年来有越来越多的高学历的创业者加入这一队伍，但总体来看依旧是乡村创业者的一个短板。其二，在乡村创业过程中，我们不能忽略女性的影响作用。已有的统计数据显示，乡村留守人口中老人、妇女的比率是最高的，而在乡村地区开展创业活动，不能不分析女性创业者的影响。通过前文的分析结果我们可以看出，面对先前经验、知识溢出对于产业集群式发展路径的选择倾向，女性乡村创业者的态度与男性截然相反：在单独检验先前经验和知识溢出对产业集群式发展路径的选择上，女性乡村创业者的态度是负面的，而男性创业者态度是正面的；若一旦二者形成交互作用，女性创业者又显著异于男性创业者，更加倾向于产业集群式发展路径选择。正如姚柱等（2020）在相关研究中所指出的那样，女性乡村创业者更有可能受到"小富即安"思想的束缚而影响其创业成长脚步。但是，如果女性乡村创业者一旦突破传统思想，将先前经验积累和知识受益面逐步扩大，其创业和创新精神会进一步提升，那么，产业集群式发展路径可能是其更优先的选择。其三，是否倾向于选择产业集群式发展路径需要区分乡村创业企业类型，通过多元回归分析，在控制变量企业类型中，我们可以清楚地看到，相对于纯种植类企业，乡村创业企业集群式发展路径选择倾向更高的企业主要集中在农产品加工类型和农业＋电商型这些服务于纯农业生产的企业。这说明，在乡村创业企业中，纯农业生产类的企业应该坚持农产品生产的聚焦化、特色化之路，而为农业生产提供生产加工、流通服务的企业则适合适度集中式发展，这样更能提升乡村创业成功概率。此外，乡村旅游类企业也应该坚持通过农旅融合发展策略，并采用全域旅游发展路径吸引更多乡旅顾客，显然，单一性的乡村旅游产品的开发可能并不足以吸引更多乡旅顾客光顾。

二、管理启示

通过前文的理论分析和解释，本书的相关结论可能对乡村创业者以及各级地方政府部门带来以下几点管理启示。

第一，乡村创业者需要基于一定的先前经验来开展创业活动，通过集群式创业路径选择来进一步丰富其农业及创业知识，进一步提升其创业成功的概率。地方政府所提供的创业或农业相关知识培训要具有针对性和建设性，让乡村创业者真正愿意参加培训而不是为了完成任务而培训。在历年的田野调查中，我们发现，许多乡村创业者对一些地方政府组织的任务式的没有针对性的培训活动一般采取的是消极对待的态度。这说明乡村创业培训要有干货，真正对乡村创业者有用，需要提供培训的主体具有丰富的创业经验，同时要接地气。

第二，鼓励乡村创业企业选择适合自身行业特征的创业成长路径，从线下和线上两个途径形成聚集优势。鼓励适合产业集群式发展的乡村创业企业选择进入农业产业园区，诸如一些服务于农业生产的服务类企业、食品加工企业以及农业机械企业，鼓励地理位置比较偏远的乡村创业企业如生态家庭农场、农业专业合作社等加入地方政府建设的在线农业电子商务平台或者全域旅游平台。上述线上与线下产业集群式路径的选择主要原因在于农业生产和创业形态明显不同于其他创业形式，不是所有乡村创业企业都适合采用线下的产业集群式发展路径。

第三，加大针对乡村女性创业者的政策支持力度，女性在我国乡村振兴过程中将会发挥"半边天"的作用。乡村创业扶持政策中应当加大对女性创业者在扶持资金、专业知识教育培训等方面的投入力度，培养女性乡村创业者的创业精神。同时，还要加大对于乡村地区育儿、托儿所等相关教育机构建设的投入，缩小城乡差距，使得女性乡村创业者有更多精力投入实际的创业过程中，减少后顾之忧。

第五章　农业科技成果转化与振兴乡村经济作用机制研究：基于知识产权保护的视角

　　2019 年新年伊始，《中共中央国务院关于坚持农业农村优先发展做好"三农"工作的若干意见》发布，将农业视为国家经济发展的"压舱石"（刘惠明和张雨溪，2019）。随着现代技术如生物技术、良种技术、农业机械技术、灌溉技术等一批农业科技成果的落地转化，这些农业科技成果在促进农业发展和地区经济发展过程中发挥着重要的作用。农业科技成果相对于其他产业类的科技成果，在转化过程中将受到更多外生因素的影响，诸如地理因素、气候因素、政策因素等影响。农业科技成果的有效转化又对提升农业生产力，振兴乡村经济发挥着重要的作用。但如何观察农业科技成果对于本地经济发展影响的作用，现有学者的研究一般采取新古典增长理论模型、内生增长模型以及新制度经济模型来分析，将技术的要素这一核心变量，由外生观测变量逐渐纳入对地区经济发展起重要作用的内生变量来进行观察，并探讨其如何最终影响区域经济的发展。广大乡村地区经济构成了我国有中国特色的社会主义市场经济的重要组成部分，该地区经济发展到底有哪些因素在推动，具体影响机制如何，需要进行深入的解读和分析。受知识产权保护的农业科技成果，其从研发到具体的落地生产各个环节需要农业标准化的保障，没有农业标准化的保驾护航，就无法带来具有实际贡献的农业科技成果。这些农业标准化包含"农业产品品种的标准化、农业生产技术的标准化、农业生产加工管理的标准化、农业市场建设的标准化以及信息市场建设的标准化"。近年来，世界各国均非常重视知识产权的保护立法，尝试利用法律工具来保护自身先进的农业生产等相关技术，并获得相对的竞争优势。

第一节　理论背景及框架

　　知识的创造以及知识的累积被学术界普遍认为是经济增长的核心动力。正是由于原创知识的重要性，各国均出台了各种法律规范来保护具有社会应用价值的知识产权（Ostergard，2000）。意大利威尼斯早在 14 世纪下半叶便出台了世界上第一部有关知识产权保护的"专利保护法案"——《威尼斯专利法》，该项法案出台之后欧洲其他国家纷纷效仿，并逐步重视"知识与技术"的首创者"智力成果权"的保护问题，17 世纪的法国人本尼迪克特首先提出"知识产权"这一概念（徐卫彬，2017）。20 世纪 90 年代，国际保护工业产权协会在日本东京举行的大会对"知识产权"的两种类型达成了一致：一是识别性标记权；二是创造性成果权利。世界各国都逐步构建起了属于自己的知识产权保护的法律制度，以此保护知识或技术的原创者。我国知识产权保护制度的构建虽然起步较晚，但制度建设的质量和起点并不低，先后加入《世界版权公约》《专利合作条约》等世界主要知识产权公约（王晓明，2009）。

　　近年来，随着中美两国在各个领域内科技技术的全面较量，让众多有识之士认识到，科学技术等知识的力量以及知识产权保护的重要性。作为第一产业的农业生产中，也有对一国经济起着决定性影响作用的农业技术知识产权，这些知识产权也是农业科技创新技术人才的创造性科研成果，这些成果也需要进行法律上的保护。特别是全球化经济背景下，农业现代化的生产过程中，将会面临诸多来自跨国农业技术公司所形成的先进农业专利技术、资本、品牌以及管理的竞争压力。显然，现代农业已展现出对"知识和技术"更高水平的需求，这是因为农业生产链的纵向一体化程度越来越高，农业生产的竞争不限于一国之内，需要面临更多国际竞争（吕明瑜和王珏，2018）。西方国家早在 17 世纪便率先关注农业知识产权的保护，通过农业知识产权保护联盟以及相关立法来推行适合本国的农业知识产权保护战略（Paarl，2000）。世界各国于 1991 年签订《与贸易有关的知识产权协议》之后，西方学者通过比较发达国家与发展中国家在农业知识产权保护上的差异，并分析相关知识产权保护对于各国农业等产业发展、技术贸易以及农业科学研究等方面带来的直接影响。西方发达国家对农业知识产权的保护措施和重视力度的加大为这些国家的农业现代化发展打下了坚实的基础，也促进了地区经济的发展，其成功经验非常值得发展中国家借鉴和学习。简言之，发展中国家农业现代化的出路在于如何发挥农业知识产权的积极效应，并通过农业知识产权效应获得经济增长的内生动力。

韩国学者伍苏坤等（Woo et al.，2015）通过对不同行业的知识产权效应影响的实证分析发现，无论何种类型的知识产权效应其内含均有两个维度：创新效应和制度效应。徐卫彬（2017）通过借鉴布兰施泰德等（Branstetter et al.，2006）的研究模型，将世界划分为南方与北方，南方中等收入地区与北方高收入地区，通过欠发达地区农业经济体的设定来探讨知识产权效应的"制度效应与创新效应"，讨论如何克服"中等收入陷阱"。徐卫彬的研究发现，高收入的北方地区知识产权的创新效应对其经济发展影响较大；而中等收入地区，知识产权的制度效应对其经济发展直接效应作用明显。

综上所述，农业科技成果的转化，如何在推动我国乡村振兴过程中发挥基础性作用，既需要国家从战略层面予以重视，引导相关舆论，积极推动地方政府出台具体的政策措施来确保战略的落实，还需要从经济与制度层面，考量知识产权制度在区域发展、创新驱动上的弹性设置，从而实现知识产权制度在推动乡村农业经济发展上发挥最大作用和效应。具体的思路和做法是：首先，从农业科技成果的数量（专利数）、正在试验中的农业专利比例、成功商业化的农业科技成功比例等几个具体指标来考量其对地方经济增长的推动作用。其次，从知识产权制度的创新效应及制度效应等两个维度，考量知识产权保护效应对推动乡村经济振兴过程中的具体调节作用。最后，在考虑乡村经济振兴的具体绩效水平上，整体考量乡村经济振兴的经济产出效果及乡村社会发展对乡村居民幸福感的具体影响。据此，本章提出以下研究理论框架（见图5－1）。

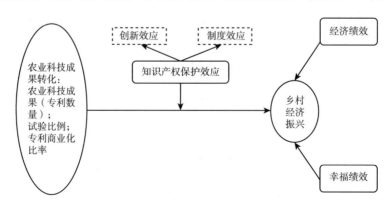

图 5 –1　本章理论研究框架

第二节　假设提出

一、农业科技成果转化与乡村经济发展的作用关系

农业生产过程中通过创新的促进，将一些具有市场潜力的农业新品种应用到一定区域内进行农业生产，从而提升农业产出。通过持续性的商业化，对于促进区域经济、环境以及社会发展具有重要的影响作用。目前而言，农业科技成果的商业化主要集中于三个主要领域："农作物胚质发展、农业生态学一体化融合发展、农业商品的开发与营销"（Runck et al.，2014）。然而，可持续性的农业科技成果商业化进程将受到诸如生物物理因素、技术因素、社会文化因素、经济因素、制度因素以及政治因素等多维因素的影响，同时，诸多因素一起产生的共同影响也是有限的。

之所以农业成果商业化过程影响因素之多，在于农业技术的商业化自身涉及影响不同利益体的不同利益。在相关技术商业化过程中，已有国外文献显示，无论是私有组织，还是公共组织、非政府组织，抑或是农民自助组织，这些组织在促进农业技术商业化过程中发挥着重要的作用，但究竟哪一个组织发挥着主导作用，且发挥作用的程度有多大，相对而言，还缺乏实证检验（Prager et al.，2016）。

对于我国农业领域的技术而言，其商业化过程中哪类组织发挥着主导作用，也值得讨论。以前些年我国对生物质秸秆气化技术的商业化过程为例，该项技术在三个领域进行过应用：首先，秸秆废物的气化过程与其他加热设备的直接结合应用（如烘干设备和锅炉等）；其次，秸秆气化在烹饪工具上的应用，利于农村地区小型加气站的建设；最后，农业生产带来的生物质垃圾气化和发电应用（BGPG）。不过，以上气化技术是在中国政府的大力支持下，众多私营公司和工厂对上述技术进行了较大规模的商业化应用（Leung，Yin and Wu，2004）。由以上文献可知，无论是私营组织还是政府公共部门，在促进农业技术转化过程中发挥着各自不可替代的作用，研究的重心应该聚焦于揭示农业技术成果的转化对于乡村地区经济的促进作用效果上来。与此同时，地区经济水平的提升则会在一定程度上改变区域居民对生活幸福的感知水平。由此，提出以下研究假设：

假设1a. 在一定的区域内农业科技成果转化效率越高，则越有利于当地区域经济绩效水平提升。

假设1b. 在一定的区域内农业科技成果转化效率越高，越能提升区域内居民生活幸福感。

二、农业科技成果转化与知识产权保护效应的协同作用

农业科技成果的顺利转化，需要借助国家及地方政府知识产权保护力度的增强，并形成以"重视知识产权的政策导向"，健全和完善知识产权激励制度，从而进一步吸引外部资源在一定区域内集聚和形成多样化的"创新主体"。通过进一步树立鼓励创新、宽容失败的社会价值导向，在一定的区域内形成知识产权保护效应。这种知识产权保护效应又可以反过来培育企业家精神和创客文化，推动区域内更多富有市场前景的创新创意转化为实实在在的创业活动。总体而言，给予农业科技成果的创新与发明者明确和清晰的知识产权，并构建契约化的产权归属，则能够进一步激发科技成果转化的利益相关参与方对农业新技术进行转让的积极性，从而形成企业、创新者以及地方利益主体的协同创新效应（Vachadze，2013）。显然，农业科技成果转化的效率将会增强农业技术知识产权效应，并对区域经济的发展产生交互影响作用。故提出以下研究假设：

假设2a. 农业科技成果转化协同知识产权保护效应对区域经济绩效提升有正向作用关系。

假设2b. 农业科技成果转化协同知识产权保护效应对区域幸福绩效提升有正向作用关系。

三、知识产权保护效应对乡村地区经济振兴的促进作用

随着农业产品市场化进程、现代化以及产业化进程的加快，我国农业科技成果转化在相关区域内逐渐形成体系化、制度化与特色化。我国当前的农业科技成果及与农业科技知识相关的知识产权的转让渠道呈现多元化的趋势，主要包含有以下几种：其一，各级地方政府根据国家战略提供的免费或有偿技术成果；其二，农业合作社等农业生产组织对涉农专业高等院校的项目合作技术成果；其三，从农业类企业购买的技术服务或产品；其四，从农业生

产资料或技术市场购买的品种或技术等等（白瑶，2019）。故而，农业科学技术相关的主体，如具有农业学科的高校、各级农业科研院所、农技推广机构、农业生产资料供给主体以及基层的农业生产主体则在相关区域内，一般会形成研、学、产及用一体化的农业知识和技术创新转化平台（华绪庚等，2019）。我国未来农业的出路在于农业科技进步，农业及农村的现代化需要依靠"农业科技进步"这把金钥匙。发挥农业科技进步以促进乡村经济振兴的基础性作用，并依赖知识产权保护的协同效应为乡村的全面振兴提供动力来源。农业类相关科研成果能够从实验室走向实际的生产，需要农业科技知识产权保护效应的基本保障，因为农业生产链涉及生物资源、基因挖掘、育种选种、良种繁育、品种创新、种子加工及育种控制等多个环节，每一个环节将涉及相关技术的试验、评估、评价及展示推介等工作，其间的农业科技知识成果保护工作将有力保障此类知识创新主体开展创新的积极性和原动力。显然，农业技术知识产权保护效应对乡村地区经济振兴有一定的影响，故提出以下假设：

假设 3a. 知识产权保护效应对乡村地区经济绩效具有积极的正向促进作用。

假设 3b. 知识产权保护效应对乡村地区幸福绩效提升具有积极的正向促进作用。

第三节　数据来源及描述统计分析

为了对前文研究模型及假设进行验证，本书通过收集和整理《2017 年湖北省农村统计年鉴》《2016 年湖北省统计年鉴》《2015 年度湖北省全省市县科技创新综合考评数据（县市区）》的相关数据，并根据研究目标的需要对相关数据进行了基本的统计分析。主要收集了武汉市蔡甸区、汉南区、江夏区等总计 81 个县区域（因统计数据收集的口径不同，有的核心观察数据包含神农架地区的农业相关统计数据，有的核心观察变量不包含该地区的经济统计数据）的农业农村的基本经济统计数据。

表 5-1 和表 5-2 主要展示了湖北省内总计 81 个区县域内，有关农业、农村等的相关统计数据信息，主要涵盖湖北省乡村地区的 2017 年、2016 年及 2015 年的农村居民可支配收入的自然对数，2016 年农业生产增加值的自

然对数，2016 年和 2017 年农村地区居民对于改善自然环境采用的清洁能源的用户数量，2015 年清洁能源用户净增户的自然对数，2015 年万人农业科技成果成交额，2015 年农业科技成果专利申请数，2015 年和 2016 年对应地区县市的人均 GDP，2015 年不同县市区的农业人口数量的自然对数。

表 5-1　　　　　　　2015 年数据基本变量的基本统计结果

变量	N	mean	sd	min	max	p25	p50	p75
ln*RDI*2015	80.00	9.36	0.27	8.92	9.72	9.08	9.46	9.59
ln*AIV*2015	81.00	12.13	0.77	8.26	13.60	11.79	12.21	12.59
ln*paten*2015	81.00	4.46	1.24	0	7.52	3.71	4.56	5.31
*PPT*2015	81.00	1.16	2.81	0.08	24.08	0.30	0.52	1.03
*TBO*2015	81.00	2.32	1.02	0.80	5.40	1.60	2.10	2.70
ln*DVP*2015	78.00	5.84	1.39	0.10	9.03	5.22	5.77	6.58
*OOT*2015	81.00	6.96	6.93	0	27.00	1.00	5.00	10.00
*INI*2015	78.00	0.55	0.62	0	4.00	0.33	0.33	0.67
*ATP*2015	80.00	74.11	40.72	21.51	187.79	43.68	63.39	99.99
ln*RCN*2015	81.00	3.74	0.59	1.50	4.85	3.45	3.72	4.19
ln*GDPp*2015	80.00	10.50	0.55	9.52	11.76	10.02	10.41	10.95

表 5-2　　　　　　　2015～2017 年数据基本变量的基本统计结果

变量	N	mean	sd	min	max	p25	p50	p75
ln*paten*2015	81.00	4.46	1.24	0	7.52	3.71	4.56	5.31
*PPT*2015	81.00	1.16	2.81	0.08	24.08	0.30	0.52	1.03
*TBO*2015	81.00	2.32	1.02	0.80	5.40	1.60	2.10	2.70
ln*DVP*2015	81.00	5.84	1.39	0.10	9.03	5.22	5.77	6.58

续表

变量	N	mean	sd	min	max	p25	p50	p75
OOT 2015	81.00	6.96	6.93	0	27.00	1.00	5.00	10.00
INI 2015	81.00	0.55	0.62	0	4.00	0.33	0.33	0.67
ATP	80.00	74.11	40.72	21.51	187.79	43.68	63.39	99.99
ln*AIV*	81.00	12.13	0.77	8.26	13.60	11.79	12.21	12.59
ln*RDI* 2017	80.00	9.53	0.26	9.11	9.89	9.25	9.62	9.75
ln*RDI* 2016	80.00	9.44	0.26	9.01	9.80	9.15	9.53	9.67
ln*RDI* 2015	80.00	9.36	0.27	8.92	9.72	9.08	9.46	9.59
ln*wellbe*1	80.00	10.76	0.52	9.23	11.86	10.45	10.76	11.08
ln*wellbe*2	81.00	10.71	1.01	2.88	11.86	10.49	10.83	11.11
wellbeingr~e	81.00	49.14	23.54	0	106.06	29.57	43.00	66.47
ln*RCN* 2015	81.00	3.74	0.59	1.50	4.85	3.45	3.72	4.19
ln*GDPp* 2015	80.00	10.50	0.55	9.52	11.76	10.02	10.41	10.95
ln*GDPp* 2016	80.00	10.57	0.55	9.58	11.86	10.10	10.48	11.02
ln*netwe* 2016	81.00	7.15	1.17	4.42	12.51	6.65	7.27	7.74

　　表5-2介绍了这些相关变量的样本数、均值、标准误、最小值和最大值，以及这些数据的上四分位、中位数、下四分位数等信息。

　　表5-3和表5-4展示了主要核心变量的两两相关关系矩阵，初步显示不同变量间可能存在的正向或负向变动关系。例如，湖北省81个县市地区的2015年当年发明专利申请量自然对数同当地的2016年的农业增加值，2015年、2016年和2017年连续三年的农村居民可支配收入的自然对数值有较强的正相关关系。从初步的正相关关系结果可以判断，地区的农业技术创新对于提升农村地区的生产率、改善地区居民百姓生活具有重要的积极影响。这也符合前文的基本假设和判断。

表 5 - 3　湖北省县市地区含 2015 年及 2016 年农村基本经济数据变量的相关系数矩阵

变量	lnp ~ 2015	PPT2015	TBO2015	lnD ~ 2015	OOT2015	INZ2015	ATP	lnAIV	lnR ~ 2017	lnR ~ 2016	lnR ~ 2015	lnwell ~ 1	lnwell ~ 2	wellbeingr ~ e
lnpaten ~ 2015	1													
PPT2015	0.3998 * 0.0196	1												
TBO2015	0.1484 1	-0.0583 1	1											
lnDVP2015	0.2932 0.5677	0.1993 0.9995	-0.0914 1	1										
OOT2015	0.4779 * 0.0006	0.3123 0.3384	0.0452 1	0.2582 0.8736	1									
INZ2015	0.3269 0.272	-0.0888 1	0.1448 1	0.1921 0.9999	0.2384 0.9629	1								
ATP	0.3573 0.0985	0.1668 1	0.3674 0.0703	0.0625 1	0.1378 1	0.2632 0.8395	1							
lnAIV	0.5359 * 0	0.1524 1	0.1109 0.0703	0.1603 1	0.2585 0.8382	0.1173 1	0.7235 * 0	1						
lnRDI2017	0.4374 * 0.0045	0.2926 0.5379	0.3518 0.1177	0.1564 1	0.3439 0.1501	0.2672 0.8092	0.5768 * 0	0.3311 0.2179	1					
lnRDI2016	0.4363 * 0.0047	0.2874 0.59	0.3539 0.11	0.1602 1	0.348 0.1323	0.2705 0.7825	0.5754 * 0	0.3307 0.2206	0.9999 * 0	1				
lnRDI2015	0.4323 * 0.0056	0.2843 0.6204	0.3592 0.0927	0.1541 1	0.3479 0.1328	0.2736 0.7557	0.5749 * 0	0.3285 0.2344	0.9995 * 0	0.9998 * 0	1			
lnwellbe1	-0.0628 1	-0.2215 0.989	-0.1966 0.9995	-0.2317 0.981	-0.0306 1	0.026 1	0.1204 1	0.3519 0.1174	-0.3883 0.0363	-0.3857 * 0.04	-0.3873 * 0.0377	1		
lnwellbe2	0.2888 0.5581	-0.0965 1	-0.3152 0.3153	0.1566 1	0.0601 1	0.0264 1	0.0851 1	0.6133 * 0	-0.2634 0.8126	-0.2619 0.8242	-0.264 0.8079	0.6426 * 0	1	
wellbeingr ~ e	-0.2421 0.9341	-0.1098 1	-0.4954 * 0.0002	0.276 0.7344	0.012 1	-0.2436 0.9464	-0.4285 * 0.0067	-0.2105 0.9962	-0.4062 0.0167	-0.4025 * 0.0193	-0.4095 * 0.0146	0.4360 * 0.0048	0.3197 0.281	1

注：系数下方为 t 值，* p < 0.1。

表 5 - 4　　2015 年湖北省县市区的核心变量的相关系数矩阵

变量	lnRDI2015	lnAIV	lnpatentn2015	PPT2015	TBO2015	lnDVP2015	OOT2015	INI2015	ATP	lnRCN2015	lnGDPp2015
lnRDI2015	1										
lnAIV	0.51*	1									
lnpatentn2015	0.58*	0.43*	1								
PPT2015	0.29*	0.22	0.44*	1							
TBO2015	0.36*	0.32*	0.30*	-0.05	1						
lnDVP2015	0.30*	0.06	0.29*	0.30*	-0.01	1					
OOT2015	0.39*	0.23	0.47*	0.32*	0.05	0.27*	1				
INI2015	0.28*	0.10	0.35*	-0.09	0.16	0.19	0.24*	1			
ATP	0.61*	0.89*	0.45*	0.19	0.44*	0.01	0.14	0.25*	1		
lnRCN2015	0.11	0.60*	0.14	-0.13	0.36*	-0.29*	-0.05	0.29*	0.63*	1	
lnGDPp2015	0.79*	0.30*	0.60*	0.31*	0.14	0.47*	0.39*	0.17	0.35*	-0.30*	1

注：* $p < 0.1$。

第四节　实证分析结果

利用 2015 年、2016 年湖北省农村地区经济统计数据，对本章的相关假设和多个模型进行了验证。为了消除本书中可能存在的反向因果关系，根据经济数据响应的滞后性，借鉴邓等（Deng et al.，2019）的做法，将回归分析的步骤分为两步：首先对本章的核心变量利用 2015 年数据进行回归分析；其次，再利用 2016 年相关核心数据进行验证（核心解释变量采用 2015 年数据，因变量则用 2016 年的数据）。总体的多元回归结果如表 5 - 5 和表 5 - 6 所示，并将相关回归系数代入假设模型中（总计 5 个数量模型）。后续对相关回归结果进行详细解读。

由表 5 - 5 可知，模型（1）与模型（2）中的因变量为 In*RDI*，代表 2015 年湖北省各地的农村居民可支配收入的自然对数值；模型 3、模型 4 和模型 5 中的因变量为 Wellbeingrate（农村新型清洁用户所占农村居民数量的比重）。其中模型 1 ~ 模型 5 中自变量含有各县市地区 2015 年登记申报的农业科技专利数量（ln*patentn*2015）、万人有效发明专利拥有量（*PPT*2015）、当年科技支出占各地的公共财政预算比例（*TBO*2015）、ln*DVP*2015（取自然对数 2015 年万人技术合同成交额）、*OOT*2015 为 2015 当年企业登记省级科技成果数量、INI2015（2015 各地区的企业技术创新指数）、*ATP*2015 ［农业总产值（亿元）］、ln*AIV*2015 取自然对数 2015 农业增加值、ln*RCN*2015（取自然对数各地区 2015 年人口数量/万人）、ln*GDPp*2015（取自然对数 2015 年人均地区生产总值/元）、ln*RDI*2015（取自然对数 2015 年农村人均可支配收入/元）、*KPE*1（为各地 2015 年区企业技术创新指数同 2015 年申请专利数量的乘积项 2015*INI* × ln*patentn* 2015）、*KPE*2（2015*INI* × ln2015*DVP*，为 2015 年区企业技术创新指数同取自然对数 2015 年万人技术合同成交额）、*KPE*3（2015*INI* × *OOT*2015 为 2015 年地区企业技术创新指数同 2015 当年企业登记省级科技成果数量的乘积项）。其中，_cos 为常数项，In*RCN*2015 和 In*GDPp* 作为控制变量。表 5 -4 中括号上方数字为回归参数，括号内代表参数的 t 值。

$$
\begin{aligned}
\ln RDI\,2015 = {} & \beta_0 + \beta_1 \ln patentn + \beta_2 \ln AIV + \beta_3 PPT + \beta_4 TBO + \beta_5 \ln DVP + \beta_6 OOT \\
& + \beta_7 INI + \beta_8 ATP + \beta_9 \ln AIV + \beta_{10} \ln RDI + \beta_{11} \ln RCN + \beta_{12} \ln GDPp1 \\
& + \beta_{13} \ln GDPp2 + \varepsilon (F = 62.953, \mathrm{Adj} - \mathrm{R}^2)
\end{aligned}
\tag{5-1}
$$

表 5 – 5　　　　　　　湖北省县市区以 2015 年农村居民可
支配收入为因变量的多元回归结果

变量	（1）	（2）	（3）	（4）	（5）
	ln*RDI*2015	ln*RDI*2015	*Wellbeingrate*	*Wellbeingrate*	*Wellbeingrate*
ln*patentn*2015	– 0. 012 (– 0. 64)	– 0. 033 (– 1. 60)	– 7. 240 ** (– 2. 27)	– 5. 515 * (– 1. 72)	– 7. 857 ** (– 2. 33)
*PPT*2015	0. 006 (1. 04)	0. 010 * (1. 82)	– 0. 643 (– 1. 05)	– 0. 843 (– 1. 45)	– 0. 808 (– 1. 37)
*TBO*2015	0. 034 ** (2. 20)	0. 037 ** (2. 41)	– 6. 183 *** (– 3. 08)	– 6. 410 *** (– 3. 28)	– 6. 722 *** (– 3. 22)
ln*DVP*2015	– 0. 000 (– 0. 00)	– 0. 004 (– 0. 29)	1. 892 (0. 48)	1. 297 (0. 61)	1. 271 (0. 33)
*OOT*2015	0. 004 (1. 40)	– 0. 000 (– 0. 00)	0. 572 (1. 59)	0. 846 (1. 55)	1. 085 * (1. 86)
*INI*2015	0. 334 (1. 03)	– 0. 051 (– 1. 08)	– 18. 375 (– 0. 48)	1. 941 (0. 29)	– 27. 811 (– 0. 72)
ln*AIV*2015	– 0. 089 (– 1. 42)	– 0. 081 (– 1. 34)	4. 888 (0. 49)	4. 220 (0. 43)	12. 098 (3. 21)
ln*RDI*2015			– 47. 062 *** (– 3. 12)	– 48. 183 *** (– 3. 26)	– 41. 753 *** (– 2. 80)
ln*RCN*2015	0. 127 * (1. 85)	0. 130 ** (2. 02)	– 4. 906 (– 0. 53)	– 4. 620 (– 0. 51)	– 5. 886 (– 0. 64)
ln*GDPp*2015	0. 405 *** (6. 97)	0. 408 *** (7. 66)	20. 654 ** (2. 18)	21. 176 ** (2. 32)	18. 442 ** (2. 12)
ATP	0. 002 ** (2. 30)	0. 002 ** (2. 02)	– 0. 048 (– 0. 30)	– 0. 039 (– 0. 24)	– 0. 071 (– 0. 44)
*KPE*1	– 0. 048 (– 1. 61)		4. 480 * (1. 74)		6. 275 ** (2. 18)
*KPE*2	– 0. 009 (– 0. 17)		– 1. 419 (– 0. 24)		– 0. 366 (– 0. 06)
*KPE*3		0. 007 (1. 21)		– 0. 435 (– 0. 78)	– 0. 798 (– 1. 33)
_cons	5. 471 *** (7. 07)	5. 495 *** (7. 10)	270. 820 (1. 46)	275. 236 (1. 50)	240. 548 (1. 28)
N	75	75	75	75	75
F	62. 953	49. 860	9. 927	9. 791	9. 469
Adj – R²	0. 764	0. 765	0. 417	0. 422	0. 421

注: * p < 0. 1, ** p < 0. 05, *** p < 0. 01。

由模型（1）可知，各地区对于农业科技的财政支出额度（$TBO\,2015$）对农村地区居民的经济绩效，也就是农村地区居民可支配收入的增长存在显著的正向影响作用（其中，回归系数为 $\beta_3 = 0.034$，$p < 0.05$），交互项 $KPE1$ 和 $KPE2$ 对乡村地区的居民可支配收入没有显著的正向作用。三个控制变量 $\ln RCN\,2015$、$\ln GDPp\,2015$ 和 ATP 均对农村地区居民的可支配收入存在正向作用；模型（2）与模型（1）的区别在于前者包含有交互项 $KEP3$（$2015INI \times OOT\,2015$）其为 2015 年地区企业技术创新指数同 2015 年当年企业登记省级科技成果数量的乘积项，由模型（2）的回归结果可以看出，各地区的万名发明专利数量（$PPT\,2015$）对当地的农村地区居民可支配收入（经济绩效）提升存在正向的影响作用（回归系数为 $\beta_2 = 0.010$，$p < 0.1$），各地区对于农业科技的财政支出额度（$TBO\,2015$）对农村地区居民的经济绩效，也即农村地区居民的可支配收入（$\ln RDI\,2015$）的增长存在显著的正向影响作用（其中，回归系数为 $\beta_3 = 0.037$，$p < 0.05$）。由以上相关回归结果可以看出，假设 1a 获得了本书 2015 年统计数据的支持；而交互项 $KEP3$（$2015INI \times OOT\,2015$）对地区农村居民可支配收入的提升也没有正向的影响作用，假设 2a 暂未获得数据的验证和支持。

$$\ln RDI\,2015 = 5.495 - 0.033\ln patentn + 0.010PPT + 0.037TBO - 0.004\ln DVP$$
$$- 4.11\,\mathrm{e}^{-18}OOT - 0.051NI - 0.081\ln AIV + 0.130\ln RCN +$$
$$0.408\ln GDPp + 0.002ATP - 0.007KPE3 + \varepsilon \qquad (5-2)$$

对于农村地区幸福绩效的讨论，主要利用替代变量 Wellbeingrate（农村新型清洁用户所占农村居民数量的比重）来考察，代表农村地区的居民对环境友好型生活方式和关系老百姓身心幸福新技术的接受和追求程度。讨论农村地区居民幸福绩效的影响因素主要通过模型（3）~模型（5）来进行，由模型（3）~模型（5）可知，各县市地区 2015 年登记申报的农业科技专利数量（$\ln patentn\,2015$）（三个模型中回归系数都显示为负，如回归系数为 $\beta_1 = -7.240$，$p < 0.05$；$\beta_1 = -50515$，$p < 0.1$；$\beta_1 = -7.857$，$p < 0.05$），各地区对于农业科技的财政支出额度（$TBO\,2015$）对农村地区居民的幸福绩效，也即农村新型清洁用户所占农村居民数量的比重（$Wellbeingrate$）存在显著负向影响。同时，各个地区的农村居民可支配收入同其幸福绩效有显著的负向作用关系（回归系数为 $\beta_8 = -47.062$，$p < 0.01$；$\beta_8 = -48.183$，$p < -41.753$），故而，假设 3b 的主张未获得 2015 年专利等数据的支持。

$$Wellbeingrate = 270.820 - 7.240lnpatent - 0.643PPT - 6.183TBO$$
$$+ 1.892lnDVP + 0.572OOT - 18.375INI + 4.888lnAIV$$
$$- 47.062lnRDI - 4.906lnRCN + 20.654lnGDPp$$
$$- 0.048ATP - 4.480KPE1 - 1.419KPE2 + \varepsilon \qquad (5-3)$$

由模型（5）可以看出，OOT 2015（2015 当年企业登记省级科技成果数量）对于提升乡村地区居民的幸福绩效感有较显著的正向影响作用（$\beta_5 = 1.085$，$p < 0.1$），这说明，真正发挥实际作用的转化成功的科技成果对提升农村地区居民的幸福感有正向影响作用，也从侧面说明政府对农业科技成果的扶持（知识产权保护效应存在积极的制度效应）对提升乡村地区居民获得感具有重要的影响作用。故而，假设 3b 获得了部分支持。模型（3）和模型（5）中，交互项 $KPE1$（企业技术创新指数同 2015 年申请专利数量的乘积项 2015$INI \times lnpatentn$ 2015）均对农村地区居民幸福绩效的提升有显著的正向影响（$\beta_{12} = 4.480$，$p < 0.1$；$\beta_{12} = 6.275$，$p < 0.05$）。这说明，乡村地区居民幸福绩效的提升需要各地的企业保持持久的创新能力，并协同知识产权保护效应中的创新效应来提升乡村地区的幸福绩效水平。以上统计分析结果支付了假设 2b 的主张。

$$Wellbeingrate = 275.236 - 5.515lnpatent - 0.843PPT - 6.410TBO$$
$$+ 1.297lnDVP + 0.846OOT + 1.941INI + 4.220lnAIV$$
$$- 48.183lnRDI - 4.620lnRCN + 21.176lnGDPp$$
$$- 0.039ATP - 0.435KPE3 + \varepsilon \qquad (5-4)$$

$$Wellbeingrate = 240.548 - 7.857lnpatent - 0.808PPT - 6.722TBO$$
$$+ 1.271lnDVP + 1.085OOT + 1.941INI + 4.220lnAIV$$
$$- 48.183lnRDI - 4.620lnRCN + 21.176lnGDPp$$
$$- 0.039ATP - 0.435KPE3 + \varepsilon \qquad (5-5)$$

为了避免农业新技术的采用实际效果滞后性对回归结果的影响，本书还根据 2016 年的统计数据，对相关预测变量再次进行回归分析，尝试剔除因时间因素带来的不利影响，以此揭示农业技术革新的真实作用。其中，表 5-6 中模型（1）和模型（2）的因变量 lnRDI 2016 为 2016 年农村居民可支配收入的自然对数，模型（3）～模型（5）中因变量 ln$netwellbe$2016 代表农村地区居民用户采用清洁能源的净增加用户的自然对数。由模型（1）和模型（2）的回归结果可以看到，各地区农业科技的财政支出额度（TBO 2015）对农村地区居民 2016 年的经济绩效作用效果发生相反的效果（回归系数为 $\beta_3 =$ -0.0002，$p < 0.05$），产生暂时的负向作用，而对 2016 年农村地区百姓的幸福绩效产生正向的作用效果（模型（3）回归系数为 $\beta_3 = 0.190$，$p < 0.05$；模型（4）回归系数为 $\beta_3 = 0.145$，$p < 0.1$）；模型（5）回归系数为 $\beta_3 = 0.159$，$p < 0.1$）。万人有效发明专利拥有量（PPT2015）却对 2016 年的农村居民可支配收入，也即经济绩效产生积极的正向作用［模型（2）的回归系数为 $\beta_2 = 0.0004$，$p < 0.05$］，故假设 1a 获得了本书 2015 年统计数据的支持，却对 2016 年农村居民的幸福绩效产生负向影响作用［模型（4）回归系数为 $\beta_2 = -0.053$，$p < 0.1$］，故假设 1b 未获得本书数据支持，结果与原假设截然不同。其他用来衡量农业科技创新成果转化的指标，如 OOT2015 为 2015 年当年企业登记省级科技成果数量均对 2016 年农村居民的可支配收入［模型（1）和模型（2）］产生负向作用，INI2015（2015 各地区的企业技术创新指数）也对 2016 年农村居民的可支配收入产生负向影响，而农业总产值 ATP2015 对经济绩效有积极的影响作用，滞后一期的 2015 年可支配收入对 2016 年农村居民可支配收入有积极的影响作用，故假设 3a 未获得 2016 年统计数据的支持。模型（2）中 KPE3 交互项（2015INI × OOT2015），即各地区的企业创新指数会同省级登记科技成果数对地区农村居民可支配收入（经济绩效）的提升存在正向的影响作用［模型（2）回归系数为 $\beta_{14} = 0.0005$，$p < 0.1$］，故假设 2a 获得数据支持。

表5-6　湖北省县市区以 2016 年农村居民可支配收入为因变量的多元回归结果

变量	(1)	(2)	(3)	(4)	(5)
	lnRDI2016	lnRDI2016	lnnetwellbe2016	lnnetwellbe2016	lnnetwellbe2016
lnpatentn2015	0.002 (1.45)	0.001 (1.36)	0.307 (1.67)	0.117 (0.80)	0.272 (1.46)
PPT2015	0.0002 (1.22)	0.0004** (2.12)	-0.037 (-1.25)	-0.053* (-1.90)	-0.046 (-1.65)
TBO2015	-0.002** (-2.29)	-0.002** (-2.06)	0.190** (2.11)	0.145* (1.67)	0.159* (1.71)
lnDVP2015	0.001 (0.87)	0.001 (1.39)	-0.075 (-0.59)	-0.013 (-0.16)	-0.110 (-0.84)
OOT2015	-0.0003* (-1.98)	-0.001** (-2.46)	0.007 (0.42)	0.050** (2.05)	0.036 (1.54)

续表

变量	(1) ln*RDI*2016	(2) ln*RDI*2016	(3) ln*netwellbe*2016	(4) ln*netwellbe*2016	(5) ln*netwellbe*2016
*INI*2015	0.000 (0.03)	−0.007 *** (−2.66)	1.801 (1.00)	0.398 (1.21)	1.262 (0.64)
ATP	0.000 (1.53)	0.0001 * (1.78)	0.011 (1.61)	0.008 (1.27)	0.009 (1.40)
ln*AIV*2016	−0.001 (−0.13)	−0.001 (−0.19)	−0.351 (−0.75)	−0.184 (−0.40)	−0.570 (0.76)
ln*RDI*2015	0.953 *** (149.71)	0.951 *** (167.50)	−1.672 ** (−2.01)	−0.999 (−1.24)	−1.369 * (−1.69)
ln*RCN*2015	−0.004 (−1.24)	−0.003 (−1.09)	−0.041 (−0.09)	−0.204 (−0.48)	−0.097 (−0.22)
ln*GDPp*2015	0.001 (0.41)	0.002 (0.70)	0.431 (0.98)	0.115 (0.27)	0.304 (0.75)
*KPE*1	−0.000 (−0.16)		−0.563 ** (−2.50)		−0.460 ** (−2.19)
*KPE*2	−0.000 (−0.11)		0.188 (0.69)		0.249 (0.83)
*KPE*3		0.0005 * (1.98)		−0.065 ** (−2.39)	−0.046 * (−1.70)
_cons	0.596 *** (8.31)	0.607 *** (9.12)	20.411 *** (2.89)	16.687 ** (2.31)	18.681 ** (2.56)
N	75	75	75	75	75
F	19963.296	19396.151	1.830	2.129	2.366
Adj − R^2	0.999	0.999	0.014	0.001	0.025

注：* $p < 0.1$，** $p < 0.05$，*** $p < 0.01$。

与模型（1）和模型（2）不同，模型（3）~模型（5）的结果显示，各地区农业科技财政支出额度（*TBO*2015）对农村地区居民2016年的幸福绩效具有较为显著的积极作用［模型（3）回归系数为 $\beta_3 = 0.190$，$p < 0.05$；模型（4）回归系数 $\beta_3 = 0.145$，$p < 0.1$；模型（5）回归系数 $\beta_3 = 0.159$，$p < 0.1$］。换言之，各地区农业科技成果的投入力度越高，越能提升本地区农村地区居民对绿色、环保幸福生活的追求力度，从而提升乡村地区居民的幸福

感。模型（4）中的自变量 $OOT2015$（2015 当年企业登记省级科技成果数量）对 2016 年农村居民的幸福绩效水平有显著的提升作用（模型（4）回归系数 $\beta_5 = 0.050$，$p < 0.05$），假设 3b 获得支持。模型（3）和模型（5）的回归结果显示，2015 年农村居民经济绩效的提升并未改善其幸福绩效的水平（模型（3）回归系数 $\beta_9 = -1.672$，$p < 0.05$；模型（5）回归系数 $\beta_9 = -1.369$，$p < 0.1$）。

对于交互项 $KPE1/2/3$，模型（3）~ 模型（5）中的回归结果显示，$KPE1$（企业技术创新指数同 2015 年申请专利数量的乘积项 $2015INI \times lnpatentn2015$）对提升 2016 年度农村居民的幸福绩效水平呈现负向作用关系（模型（3）回归系数 $\beta_{12} = -0.563$，$p < 0.05$；模型（5）回归系数 $\beta_{12} = -0.460$，$p < 0.05$）；$KPE3$（$2015INI \times OOT2015$）负向影响 2016 年度农村地区居民幸福绩效水平（模型（4）回归系数 $\beta_{14} = -0.065$，$p < 0.05$；模型（5）回归系数 $\beta_{14} = -0.046$，$p < 0.1$）。故而，假设 2b 亦即农业科技成果转化协同知识产权保护效应对区域幸福绩效的提升具有负向作用，从而未获得本书数据的支持。

第五节　研究结论与政策启示

通过收集和整理湖北省《2017 年湖北省农村统计年鉴》《2016 年湖北省统计年鉴》《2015 年度湖北省全省市县科技创新综合考评数据（县市区）》，对三个主要研究假设进行了验证，并获得以下研究结论和政策启示。

一、研究结论

第一，农业科学技术的开发与转化率提升有利于改善农村地区居民的收入水平，并在一定时效范围内提升该地区农村居民的幸福感。通过前文农业科技在公共财政预算中所占的额度（$TBO2015$）对 2015 年、2016 年农村可支配收入的作用关系，以及各地区的万名发明专利数量（$PPT2015$）对当地的农村地区居民可支配收入的回归结果可以看到，以上主要因素可能对提升农村居民的经济绩效具有重要的正向影响作用。各地区政府等组织越强调对农业科技的公共财政投入，农业等相关企业加大对农业科技成果的研发和孵化，则对提升本地区农村居民的经济绩效也具有相对显著的正向作用。政府重视知识产权的保护，在短期内可能对地方居民经济绩效带来一定的负面影响，但长期来看，可以提升农村地区居民的幸福绩效水平，即农村地区百姓对于绿色、环保以及健康的生活水平的追求。这一结论基于本书构建的回归模型中，因为前后因变量采用不同时间节点的统计数据，即 2015 年的 lnRDI 2015，以及 2016 年的 lnRDI 2016 的数据，回归结果从负向作用效果向正向作用效果转变。其中，主要的原因可能是农业科技成果的投入需要一定的时间来进行转化，并逐渐改善居民的认知水平以及对幸福和绿色生活的追求。

第二，地方政府对知识产权保护力效应（包含两个维度方向：创新效应和制度效应）的加强，协同农业科技投入和转化率的升高，部分提升了本地区农村居民经济绩效水平，但对农村居民幸福绩效的提升效果不够明显。通过模型（1）~模型（5）交互项 $KPE$1/2/3 在 2015 年、2016 年数据的实证分析结果可以看到，我国各级地方政府越来越重视知识产权保护效应。通过对农业科技专利的保护，加之知识产权保护效应中创新效应的作用，能够有效提升农村地区的经济绩效水平，同时也在一定程度上提升居民幸福绩效的水平。知识产权保护产生的积极效应，需要从政府层面和企业层面共同来努力。政府层面主要从专利成果保护力度，以及在登记科技成果数量（OOT 2015）上来体现积极的效果；企业层面知识产权保护效应主要通过各地区的企业技术创新指数（2015INI）来体现企业对产品和服务创新的重视程度以及取得的实际效果。

显然，各级地方政府加大财政投入农业科技成果的开发，短期内有利于增加农村地区居民对幸福生活水平提升的选择路径，从而提升幸福绩效水平；长期来看，因为随着各地政府对知识产权保护效应的加强，一些先进的农业科技成果转化效率可能降低，从而降低乡村地区居民改善生活模式和方式的速度，最终造成幸福绩效水平的降低。表 5-6 中模型（3）~模型（5）中的 $KPE$1/3 回归参数呈现负值情形正说明了这一问题。但总体而言，农业科技成果的转化协同农业科技知识产权保护效应对农村地区经济绩效以及幸福绩效存在相反的结果。这说明地方政府的知识产权保护效应要发挥积极作用，既需要协调好政府的知识产权保护力度，同时还要鼓励各地企业投入 R&D 的力度，做好二者之间的平衡和协调工作，在提升区域经济绩效的同时，进一步提升区域百姓的幸福绩效水平。

第三，知识产权保护效应，包括创新效应及制度效应对提升农村地区经济的发展以及农村地区居民幸福绩效的作用呈现动态性、矛盾性及滞后性特征。对于知识产权保护效应，本书借鉴已有文献，将其划分为两个主要维度，即创新效应和制度效应。在本书中主要用 *TBO*（2015 年各县区的农业科技的财政支出额度）和 *OOT*（2015 当年企业登记省级科技成果数量）来替代衡量知识保护效应中的制度效应，代表各级地方政府对知识产权保护支持力度的大小；2015*INI*（2015 年各县区农业科技企业创新指数）主要用来衡量企业层面对研发、创新的投入和重视程度。通过表 5 – 5 和表 5 – 6 的回归结果来看，在 2015 年数据上经济绩效呈现正向的作用效果，对幸福绩效呈现负向作用效果；在 2016 年统计数据上，制度效应对上述两个重要因变量则呈现相反的作用效果。2015 年数据显示企业层面的知识产权保护效应、创新效应对经济绩效和幸福绩效的作用都不显著，在 2016 年的统计数据上仅对经济绩效具有部分负向作用效果。之所以出现前文所展示的较为特殊的实证结果，主要原因在于，知识产权保护效应从两个维度出发，其侧重点各有不同。制度效应主要依赖于政府对知识产权保护的重视和投入力度，长远来看，前期投入对区域经济绩效可能带来一定的损失，但对改善居民生活幸福水平，增强农村居民的幸福获得感是很有帮助的。企业层面的知识产权保护效应较难直接作用于区域经济水平或幸福绩效水平上，但假以时日会有长远影响。

二、政策启示

第一，地方政府加大对农业科技的投入力度，从长远角度来看，有利于改善县域经济的发展，也有利于提升农村地区居民的幸福水准和获得感。地方政府一段时期内鼓励农业科技创新的政策导向，如提升科技支出在公共财政支出中的比例，鼓励涉农科技成果奖励登记政策，可以通过政策资金的注入，带动产业内主体的创新积极性，以此提升区域经济活力。

第二，地方政府采用科技兴农手段，需要积极调动政府知识产权保护与企业层面的创新协同作用，从而共同提升农业科技成果的转化效率，最终，服务地方农业发展并活跃乡村地区的经济。以往通过人力及传统农业种植的知识和经验已很难满足当前我国农业、农村的发展，特别是国家提出"乡村振兴"战略以来，农业的规模化、产业化及现代化将是必然之路，也是乡村地区经济振兴的必然选择。那么，要实现这一宏伟战略目标，最主要的依赖手段便是农业科学技术的不断创新和应用。政府采取积极的知识产权保护措施，既能够保护农业科技创新主体的积极性，又可以提升农业生产的附加值，并在农业科技创新与应用之间找到最佳的均衡点。

第三，创新提升农村地区居民可支配收入路径，注重清洁能源等创新技术在农村地区的积极应用与推广。随着国家及各级地方政府的大力宣传，绿色、环保的农业、农村发展基调已逐步形成，绿水青山即金山银山。显然，农村及农业的发展不能简单依靠提升农民经济收入来衡量或者推动，农业及农村发展的模式应当从粗放向精细化、绿色及协调多元化发展转变。未来，各级地方政府应持续扶持绿色农业科学技术，农村地区经济的发展主导必将是可循环、可持续的农业科学技术，可持续循环发展之路将成为农业、农村发展的主旋律。

第六章 农业科技型小微企业创业绩效提升的跨层次传导机制

——基于扎根理论的多案例分析

在全世界范围内，各国政府普遍重视小微企业的创生与成长问题。毋庸置疑，小微企业在解决地区就业、拉动区域经济增长、加速科技创新及维护社会稳定等方面发挥着不可替代的作用。党的十八大报告中多次提出要支持小微企业特别是科技型小微企业的发展。国家知识产权局调查数据显示，科技型小微企业创造了我国大约65%的发明专利和85%以上的新产品开发（程展，2014）。因此，科技型小微企业成为小微企业中最具创新动力和创新潜力的企业群体，肩负着实现"创新驱动型国家战略"的重任。

近年来，在我国政府的大力支持下，农业科技型小微企业数量迅速增长，一批农业科技型小微企业获得了快速发展，甚至成长为知名的高新技术企业。但事实也表明，在越来越不确定的动态环境下，大部分农业科技型小微企业在成长过程中仍存在创业融资难、创新资源短缺、运营成本上升、生存压力较大等现实问题，而且在同区域内企业之间缺乏产业关联，没有形成较高的产业黏度、聚集效应以及技术溢出效应，继而导致其成长速度过慢，甚至出现靠政府政策性补贴续命的景象。

然而，现有的文献主要是基于单一的理论视角探讨农业科技型小微企业的成长机理，如基于系统动力学、基于仿生学视角、基于学习理论视角、基于制度环境理论、基于企业成长理论、基于企业资源观视角、基于创新理论视角，并借此提出了相应的政策建议。不难发现，迄今为止，学者们基本沿袭了企业成长影响因素的传统研究范式，分别基于不同的内、外部因素探讨其对科技型小微企业成长与创新的作用机理。由此可见，对于农业科技型小微企业的成长性尚缺少跨层次的系统探索和理论构建。

实际上，与新创企业一样，农业科技型小微企业的成长过程也是一个从信念到行为并受制于个体因素和环境因素的复杂决策过程（Shane，2000）。从已有文献来看，关于新创企业创业绩效研究主要沿着两条主线展开：一是分别围绕先前经验、创业承诺等个体层面，创业示范、商业模式创新等组织层面，集群化成长等产业层面及政策制度层面来探讨新创企业的成长机理；二是基于不同视角提出了三要素、四要素、五要素等创业过程模型，以提炼和挖掘创业的关键要素和成长规律，并凸显了创业过程具有高度的情境依赖性和创业行为（活动）对环境的能动影响（苏郁锋、吴能全和周翔，2017）。以上研究成果将为探索科技型小微企业的可持续成长路径提供新思路，但却忽略了创业过程中不同层面要素间的跨层内在关联与互动，而这可能是未来创业动态过程研究的新方向。

故而，在中国转型的情境下，为了突破农业科技型小微企业成长的"瓶颈"与难题，本章认为需要回答好以下几个重要问题：第一，哪些人更可能创办农业科技型小微企业？第二，农业科技型小微企业一般会选择什么样的创业成长模式？第三，政府部门如何确保科技型小微企业创生成长扶持政策的针对性？本章将基于扎根理论的多案例分析，试图从影响创业效果的个体层面、组织层面、产业层面以及制度层面等不同的内外部因素来探讨科技型小微企业的创生成长过程，以此构建特有情境下科技型小微企业绩效提升的跨层次传导机制模型。

第 一 节　理 论 回 顾

农业科技型小微企业的创业者为何会选择与农业相关的创业项目，这种动机背后的内在影响因素到底有哪些？现有的研究发现，从事创业活动的创业者或团队一般都具有较为丰富的先前经验，即先前工作经验、先前创业经验、先前行业管理经验以及先前接受过相关行业的教育培训经历等，这些先前经验可以作为科技型小微企业的重要无形资产（Delmar and Shane，2006）。传统观点认为，先前经验对于创业产出有线性作用关系，源于先前经验是创业者在长期的行业工作或创业过程中所积累的知识，这些知识具有无形性、差异性和不可替代性等特征，在后期的创业活动中能够帮助创业者有效识别潜在行业风险和创业机会，并能积极应对创业过程中的诸多挑战。

　　然而，先前经验是否一定会对创业结果产生积极的作用，目前学术界并未获得一致性的研究结论。例如，亚当斯等（Adams et al.，2017）对美国936家半导体产业高科技类企业1997～2007年的动态研究发现，创业经验对创业企业绩效并不存在显著提升作用；巴普蒂斯塔等（Baptista et al.，2014）则通过美国社会保障和就业部门所提供的纵向数据（1986～2005年）进行实证分析后发现，先前创业经验会对创业成功产生较低的正向影响效果；温伯格等（Wennberg et al.，2010）通过8年持续跟踪研究1735家瑞典新创企业发现，富有经验的创业者会选择从已有企业中退出去开展创业活动，而且创业成功率非常高。

　　通过比较分析先前相关研究，本书认为之所以出现看似矛盾的研究结论的原因在于：相关研究并未区分"先前经验"这一变量的情境因素，特别是在测量先前经验时，一般的做法是将先前经验变量简单视为二分离散型变量。简言之，已有研究在统计这些先前经验数据时，并未详细区分这些先前经验的多与少、相似性或者传承性的程度问题。鉴于此，一些学者尝试开展更为深入的研究，如托夫特－凯勒等（Toft－Kehler et al.，2016）对于先前经验进行了细致的研究测量，他们依据先前经验多寡将被调研的创业者群体划分为"缺乏经验的创业者""较多经验创业者"和"专家型创业者"，通过收集超过2万家瑞典知识密集型企业的数据发现：先前经验与创业企业的生存绩效呈现U形关系，而不是简单的线性作用关系，前面三种不同类型的先前经验对于创业生存绩效呈现出不同方向的作用关系。

　　从社会资本理论及认知心理学的视角出发，乡村创业取得成功往往需要依赖创业者具备较为丰富的乡村人脉资源（宗亲网络），同时，创业者具有较为成熟的相似行业的先前经验，更能提升乡村创业者的自我效能感（董静等，2019；蒋剑勇等，2014）。在创业研究领域，先前经验一般是指创业者个体在生活经历、先前家庭经历、教育历程、相关产业中参与企业管理经验、创业的经验中所汇集而成的个体创业技能或经验（曾亿武等，2019）。这些技能和经验可以助推创业者在实际创业过程中识别有限的创业机会，规避新创业企业的创业陷阱（韦吉飞等，2008）。如由中国社会科学院信息化研究中心同阿里研究中心共同针对江苏省睢宁县沙集镇农村电商创业现象的集中调研，形成的"沙集模式"调研报告显示，其中的网商代表"三实家具"公司创始人刘兴利，先前曾在徐州某家家具厂当副总，因服务的企业经营不善，他利用自己已有的经营与管理经验，返乡创业并创立了属于自己的家具品牌，并通过家乡熟人关系网络、互联网展开销售，创业收获成功（叶秀敏，2017）。显然，创业者通过先前直接或间接参与企业创办过程，能有效提升针对个人创业能力以及创业承诺水平；通过社会关系网络以及现代技术手段，可以提升创业成功概率。然而，正如前文第二章第二节所言，已有研究针对先前经验这一概念测度需要进一步深入展开。张玉利和王晓文（2011）将创业者的先前经验划分为三个重要维度：行业经验、创业经验、职能经验。本章通过扎根分析认为创业者先前经验包含三个维度：个体创业先前经验和技能；大学或技校等相关专业背景出身所积累的专业知识；通过工作等积累的某种技术特长或专长。这些维度因素会分别影响先前经验水平的大小。但从现有的文献来看，有关先前经验对创业产出影响的研究，经历了从简单的截面数据研究，到较为全面的纵向数据的持续跟踪研究，不仅分析了二者之间的线性关系或是非线性关系，而且在研究方法选择和变量处理上更加严谨和科学，从而获得了许多具有启发性的研究结论。然而，在分析研究揭示先前经验与创业过程的作用机理中是否还遗漏了一些比较重要的变量呢？换言之，在先前经验与创业行动实施过程之间创业者的内心或者心理上会发生何种变化还不明晰。一般而言，拥有丰富先前经验的创业者具有较高的自我效能感，当市场中创业机会出现时，能积极承担风险，并会利用自己的先动优势来积极行动开展创业活动（Khedhaouria et al.，2015）。那么，这是否意味着拥有较为丰富先前经验的创业者其创业承诺水平会更高？

创业承诺是指创业者个人在心理上承诺参与全新的社会经济活动（商业活动）的意愿强度。它是整合组织行为学领域的组织承诺和创业相关研究所衍生出来的全新概念，该概念在战略环境领域与创业领域等得到了较为广泛的应用，学者们先后探讨了家族企业的继承者承诺、跨组织承诺、国际化承诺等议题。创业承诺作为一种从事全新社会经济互动（商业活动）的心理允诺程度，创业承诺水平高低又高度依赖于创业个体的技能水平（Cooper，1993；Cooper，1994）。与此同时，新创企业的绩效或产出则依赖于创业个体层面的个人技能程度，而创业能力（或者技能水平）又是显示一个经济体潜在商业活力的首要指标。故而，在当前的创业研究中，一般会将创业承诺水平作为一个特殊而非常有用的因变构念予以考察，显然创业承诺包含多层内涵复合性概念（Chan，1998）。创业承诺作为一个复合性构念，它会影响价值创造过程，其介于创业研究领域广泛接受的两个概念创业意向（Bird，

1988）和创业决策（蒋剑勇等，2014）之间，创业承诺作为创业者的心理状态和思维形式，它会引导创业个体趋于迈向一个目标或多个目标（Meyer and Herscovitch，2001）。从这个角度出发看，创业承诺显然是连接创业者个体意向与创业最终行为的有效传导介质，而创业者则是创业承诺的有效载体。显而易见，作为具有不同创业承诺水平的直接有效载体——创业者个体本身是嵌入在社会不同层面：个体与个体互动层面、企业组织层面、产业层面以及经济制度层面。显然，创业者个体在不同层面的实际商业活动中则会表现出不同的创业承诺水平，换言之，创业者个体从事商业活动的心理倾向将呈现不同层次的差异性：（1）个体依赖于现有技术和能力与其他创业主体互动，如是否愿意模仿其他创业者成功的榜样；（2）创业者个体代表企业同其他企业、供应商等共同开展创业活动意愿大小；（3）创业者是否愿意站在产业角度或产业集群的角度来考虑同其他主体开展创业合作、制定产业标准或开展合作研究的倾向；（4）创业者个体是否愿意为了企业长远发展处理好同政府部门的关系，同政府达成某种程度的合作意愿，或者追随政府相关经济产业政策投资、推动或发展某一类重点产业。简言之，创业承诺作为一种社会认知模式，是创业者个体与人和环境交互影响过程中逐渐形成的主体愿意采取实际创业行动倾向的跨层次构念：创业者对于个体创业经验或能力的较高自我效能感（个体层面），促使其愿意采取实际的创业行动——与其他企业主体进行交易（企业组织层面），嵌入产业之中形成产业链或集群中的一员（产业层面），并合理利用政府及政策所形成的良好环境（政府制度层面）来推动企业的成长与发展（见表 6－1）。因此，要深入认识创业承诺对创业绩效的作用机理，一定要结合考查创业活动的内外部影响因素，如创业者的个体先前经验积累、组织和产业层面创业机会诱导，以及制度层的政策保障支持等。

表 6－1　　　　创业承诺多层维度、相似概念以及影响结果的比较分析

创业承诺维度	对应相近概念	影响结果	研究学者
个体	创业能力、意愿及安排	创业决策	Chan，1998；McGrath and MacMillan，2000
组织（公司）	创业导向、公司创业	企业绩效	Lumpkin and Dess，1996
产业	创业网络嵌入	产业规模	Mckeever，Jack，and Anderson，2015
制度	制度创业思维	政策支持获取	苏郁锋等（2017）、项国鹏等（2011）

　　尽管有研究表明，创业者的先前经验与创业承诺水平会引发创业行为和活动的产生，但这些研究仅仅是聚焦于创业者的个体层面，而科技型小微企业的创业者为何选择创业必然存在其他的外部影响因素，如产业环境、政策因素等，因此，本章还需考虑个体层面之外的其他影响因素。众所周知，初创小微企业在创业成长过程中，一般会遵循较为适用简单的商业模式来维持企业的早期生存。因此，这类小微企业的商业模式更容易被其他模仿者跟进，也会形成显著的创业示范效应（闫华飞和胡蓓，2012）。国外研究中，倾向于从模仿和跟随视角来分析创业示范效应，假如一种新产品被介绍到市场之中，且被市场所广泛接纳，这势必激起其他组织或企业开展类似产品的研发和商业化热潮（Chaney et al.，1991），加西亚·比利亚韦德等（García-Villaverde et al.，2013）则将创业示范视为提升企业绩效的有益行为，他们认为新品在市场上发布成功之后，会吸引一波创业模仿浪潮，显然，反过来会对在位创业示范企业竞争优势构成威胁，且随着时间推移而增大，那么，示范企业则有进一步创新商业模式以提升企业的持续竞争优势的压力与动力。故而，这对提升在位企业的绩效是有益的。

　　与此同时，处于同一行业内具有相似商业模式的新创企业如何选择成长模式呢？闫华飞和胡蓓（2012）的探索性研究发现，本地大量的创业者围绕示范企业主导的产业开展类似的创业活动将会进一步改进产业要素条件，并降低进入该产业开展创业活动的门槛，更多的跟随创业者随之聚集，使本行业内的创业人数、企业群体规模进一步扩大，并呈现集群化成长的创业特征。陈彪等（2014）也发现，新创企业不仅需要基于先前经验进行学习，也要开展对同行业其他企业的学习，还要将先前掌握的知识和积累的经验应用于创业实践，即新创企业在创业成长过程中需要采用经验学习、认知学习和实践学习等不同的学习方式。但要获得更好和更快的学习效果，新创企业需要采用集群化的创业成长模式，也更能推动此类企业的商业模式创新。

　　大量事实表明，新创企业成长是一个具有高情境依赖的复杂动态过程。基于此，加特勒（Gartner，1985）提出了创业者、组织、环境和过程四个要素构成的创业过程模型，侧重于创业者行为及创业过程；萨尔曼（Sahlman，1996）基于创业者与外部资源拥有者的互动，提出了环境、机会、人和资源、交易行为四要素过程模型；蒂蒙斯和斯潘妮（Timmons and Spinelli，1999）提出了由机会、资源和创业者团队三要素构成的经典过程模型，特别强调创业机会的识别与开发；不同于此，布鲁特（Bruyat，2001）构建了一个强调创业者与新创企业的互动和流程管理的过程模型；鉴于创业活动具有情境依赖，苏郁锋等（2017）基于制度视角提出了创业者、机会、制度环境三要素过程模型，侧重于创业者与外部环境的互动。可见，这些过程从不同侧面揭示了创业者与内外部环境的互动过程，但忽略了创业过程不同层面的嵌入性及内在逻辑关系。

综上所述，现有研究中抑或仅从先前经验、创业承诺等个体层面，抑或是从创业示范、商业模式创新等组织层面，抑或是从集群化成长等产业层面来探讨其对新创企业成长（绩效）的影响。显然，若研究视角仅局限于某一个层面则很难揭示新创企业成长的一般规律；同时这些研究多采用定量分析，很少采用质性分析，而后者更能让我们获取具有原创性的理论洞见。基于此，本书采用扎根理论的多案例分析方法，将个体层面（先前经验、创业承诺）、组织层面（创业示范、商业模式创新）、产业层面（集群化成长）以及制度层面（创业政策）等影响因素统一纳入创业过程模型，进而跨层次分析其对农业科技型小微企业创业绩效的作用机理，以尝试构建具有区域情境的本土化创业成长综合模型。

第二节 研究设计

一、案例访谈对象选择

根据殷（Yin，2003）和艾森哈特（Eisenhardt，1989）案例分析研究的意见，在探讨一些具有区域性的政策性问题时，最好深入本区域企业中去，只有现场观察和收集有用的第一手资料，才能捕捉到现实中涌现出来的企业管理问题和真实困境，既能提出可操作性的政策建议，也能构建适合于解释本土企业成长的理论。因此，本书选择大别山地区的 13 家涉农类农业科技型小微企业进行多案例分析，在筛选调研样本企业过程中，既遵循理论抽样原则，也兼顾调研样本企业的典型性，成立时间一般不会超过 6 年，同时这些企业的创办者均为入乡、返乡创业者，创办的企业类型基本为农业科技型企业。为了更好地收集资料，需确定调研对象及时间安排，如表 6 - 2 所示。

表 6 - 2	调研对象及时间安排	
调研地点	主要企业	调研时间
孝昌	湖北建浩科技有限公司 惠康生态科技家庭农场 湖北天健农产品有限公司	实地访谈： ● 第一次实地调研 （2016 年 7 月 24 日） ● 第二次实地调研 （2016 年 8 月 21 日） ● 第三次实地调研 （2016 年 8 月 25 日）
大悟	湖北楚绿香生态农业科技有限公司 湖北华龙生物制药有限公司 湖北联禾生物多肽科技有限公司	
安陆	湖北金日生态能源有限公司 湖北省安陆市安源生态农业开发有限公司	
应城	湖北楚珍园旅游开发有限公司	
孝南区	湖北俊杰塑料科技有限公司 孝感呱呱净环保科技有限公司	
高新区	湖北华辰凯龙电力有限公司 湖北运来塑胶科技有限公司	

二、资料来源与收集

本章所需要的数据来源主要包含两大类：企业访谈资料和二手资料。现场访谈主要集中在 2016 年 7~8 月，采取半结构化问卷的形式访谈了企业主要创始人、技术人员以及普通员工，每位访谈者大约持续时间为 0.5~2 小时。所有访谈均以录音和备忘录形式保存，研究人员以书面形式记录要点。同时，也收集了样本企业提供的文本资料，包括参与创业大赛提交的创业计划书、决赛阶段答辩和 PPT 展示等二手资料。访谈结束后，本书还收集了互联网与新闻媒体提供的有关样本企业的信息和资料，并对上述收集的资料进行整理和归案，形成备忘录集与案例材料库，以便进行后续的案例分析。

三、信度与效度分析

根据陈向明（2002）、郭玉霞等（2009）质性研究的做法建议，采用三角验证法来检验本书的效度，即通过企业现场观察、主要企业创始人访谈、公开性文件资料进行验证，对访谈资料中核心内容的编码与二手文档资料的编码进行条件编码质询，来检验编码内容之间的吻合度和重叠度。在开展实地调研和访谈过程中，本书均进行了录音记录（并转成一一对应的文字稿）、笔记记录、拍照记录，还通过备忘录记载、调研后反思和启示以及研究报告的撰写等一系列手段进行验证，以此来增强本书的效度。

同时，针对相同的原始材料，两位研究者进行编码分工，然后针对相同编码节点的 K 系数（Kappa Coefficient）和同意度百分比［同意度百分比 = 相互同意的编码数量/（相互同意编码数量 + 相互不同意编码数量）］进行统计比较来判断研究结果的信度。此次编码中，两位不同研究者所有编码节点的 K 系数绝大部分为 1，同意度百分比在 90% 以上。因此，本书借助专业的质性分析软件 QSR NVivo 针对收集资料进行科学和高效的编码，提炼出的概念模型相对手动编码方式具有更高的信度和效度。

四、分析步骤及数据编码

作为一种质性研究，多案例研究需要严格按照规范的设计程序予以展开。本书采用 QSR NVivo 10.0 质性分析软件进行扎根理论分析，主要步骤如下：（1）文档分类，对收集到的数据材料进行初步分类，划分为外部资料、内部资料和备忘录形式文件；（2）初级编码（自由编码、自由节点和案例创建），即扎根理论的第一阶段编码：开放性编码（open coding）；（3）编码资料关系联结，即扎根理论第二阶段编码：主轴性编码（axial coding）；（4）编码资料质询，即扎根理论的第三阶段：选择性编码阶段（selective coding）；（5）模型构建和整合分析。

根据扎根理论方法的基本要求，本书对所收集的一手资料和二手资料进行了相关编码（见表 6 – 3）。表 6 – 3 中"主要证据示例"是对原始资料进行了初级的自由编码，从而形成本书的初级编码，该编码主要为后续的概念提取和编码归类提供相应的证据。以"创业承诺"为例，大写字母 C/M 代表树状编码的最高层编码，C1/M1 代表子编码或下层编码，其他核心概念编码采用相同的编码方法；核心概念是根据自由编码和树状编码过后的核心概念提炼；编码归类则是指此概念的模型归属或归类整理。图 6 – 1 详细展示了访谈数据资料的编码来源。

表 6 – 3　　　　　　　调研数据初级编码、证据示例及核心概念归类汇总

核心概念提炼（选择性）	主要证据示例（开放编码）	编码归类（主轴性）
个体层面 创业承诺	**访谈企业证据（M）** M1：创业决心：创业需要有坚持下去的勇气和决心——惠康生态园家庭农场（M1：个体层面的创业承诺——创业决心） M2：创办企业改变现状：本人自 2011 年退伍回乡，看见家乡革命老区贫穷，农民抛荒外地打工，粮食生产附加值太低，便立志创办企业来带领乡亲改变老区现状——湖北联禾生物多肽科技有限公司（M2：组织或企业层面的创业承诺——公司创业带动和示范作用） **文本证据（C）** C1：行业热爱："从小热爱环保行业，而我国室内空气净化治理行业的快速成长期是抢占市场先机的大好时机，2013 年创立了孝感呱呱净环保科技有限公司，投身这一朝阳产业，2014 年被湖北省认定为环保科技类企业"（C1：行业层面创业承诺） C2：政府及政策互动："2004 年，时任孝感市委书记的张昌尔带着市县领导班子到武汉华龙生物制药有限公司考察期间得知企业创始人为大悟县籍人士后，鼓励我回乡创业。随后，县领导也多次上门到公司做工作，提出回乡创办企业一系列的优惠政策和条件，各级领导的期盼激发了我回乡创业的激情和无悔的抉择"——湖北华龙生物制药有限公司董俊回忆返回大悟创业过程（C2：制度层面创业承诺）	农业科技型小微企业创始人创业选择的主观影响因素（M/C） M1/C1：创业决心/行业热爱； M2/C2：企业改变现状/政府及政策互动
先前经验及技能	**先前经验文本证据（E）** E1：先前创业经验及技能："湖北华龙生物制药有限公司法人代表董俊，毕业后一直从事医药行业工作，成立了湖北华中药品有限公司和武汉华龙生物制药有限公司，曾在湖北华中药品有限公司、武汉华龙生物制药有限公司、湖北奕龙国际贸易公司任副总经理和总经理、中华医学会武汉分会理事等职" E2 专业背景："董俊，1997 年同济医科大学药学院毕业" E3 技术专长："靠着自主研发产品人造代血浆（一种不需要血型的血浆替代品）及其他数十种生物药品开拓市场，在东西湖区工业企业排行前 10"；"凭借先进技术和管理经验和专长，完成了由职业经理人向企业家成功转型——成立了湖北建浩科技有限公司。"湖北建浩科技有限公司创始人——刘浩元 **先前经验访谈企业证据（I）** I1：先前创业经验及技能：湖北楚绿香生态农业科技有限公司刘庆胜总经理长期从事农技推广工作； I2：专业背景：湖北楚绿香生态农业科技有限公司创始人，农业中专学校毕业 I3 技术专长：稻—鳅—鱼生态种养技术；	农业科技小微企业创始人选择创业的客观影响因素（E/I） E1/I1：先前经验及技能； E2/I2：专业背景； E3/I3：技术专长

续表

核心概念提炼（选择性）		主要证据示例（开放编码）	编码归类（主轴性）
个体层面	创业效果	文本证据（O） O-10 成长绩效：公司 2013 年、2014 年净利润分别为 760 万元和 980 万元，员工人数两年内增加了 65 人（O-10-1）——湖北华龙生物制药有限公司 O-10 社会贡献：充分利用大悟山场资源优势，建成无性快繁育苗中心 520 亩，林下经济示范基地 2500 亩，带动农户种植地道中药材 15 万亩，企业获得省级扶贫开发先进企业（O-10-2）——同上	农业科技型小微企业创业绩效（O-10-1/2）
组织层面	创业示范	实地调研证据（S） S-1：带动致富："发展的有机种养基地辐射和带动当地 20 多家农户通过土地流转发展种养殖，人均每年增收 8000 多元""带动当地农民一起发家致富"——湖北楚绿香生态农业科技有限公司 S-2：社会经济效益："国家科技富民强县专项行动计划企业""公司建设乌桕产业基地，兴建乌桕籽加工企业，以充分发挥好乌桕生产的经济效益和社会效益"——湖北华龙生物制药有限公司 文本资料证据（F） F-1：科技创业领军人才："2014 年被评为湖北省林业产业化省级重点龙头企业。公司董事长常欢被推荐为 2014 年度湖北省科技创业领军人才""2015 年孝感市科学技术创新创业奖二等奖"——湖北今日生态能源有限公司 F-2：明星创客：2014 年建立了院士专家工作站，2015 年获得孝感市首届"十佳明星创客"称号。2015 年入围孝感市循环经济改造项目企业，并成为重要结点企业。公司 2014 年获批实用新型专利 1 项，发明专利受理申请 1 项。2015 年申报实用新型专利 12 项，发明专利 3 项——湖北运来塑胶科技有限公司 政府政策文件证据（G） G-1：科技服务示范："科技服务示范基地，是依托高校、科研院所、国有大型企事业单位、高新技术园区、市州院士专家服务中心等院士专家较为密集、科技活动较为频繁的单位或区域，设立的具有特定科技服务功能并具有示范带动作用的机构"——银湖科技园"湖北省院士专家服务示范基地"文件	农业科技型小微企业创业示范作用及效果 S-1/2、F-1/2：企业创业示范作用 G-1：政府层面专家支持示范作用
	商业模式创新	实地调研证据（Y） Y-1：产学研用合作：与 A 高校覃彩芹教授（二级教授）合作，建立了湖北运来塑胶科技有限公司院士专家工作站，进一步加大产品的研发力度，提高了企业科研水平——湖北运来塑胶科技有限公司 Y-2：公司+基地+农户经营模式——湖北楚绿香生态农业科技有限公司	农业科技型小微企业的创业模式选择： Y/D-1：产学研用合作；自建研发中心+外脑；

续表

核心概念提炼（选择性）		主要证据示例（开放编码）	编码归类（主轴性）
组织层面	商业模式创新	文本资料证据（D） D-1：自建研发中心＋外脑：公司拥有雄厚的资金、技术和科技开发实力，目前公司除有自己的新药研发中心外还与北京、上海、武汉等科研院所、高等院校等建立了广泛的合作——湖北华龙生物制药有限公司 D-2：产学研联盟：本公司从充分利用农业废弃物资源和环境保护的角度，联合河南商丘三利新能源有限公司、南京农业大学联合实施了碳基沼肥研究开发项目——湖北金日生态能源有限公司	Y/D-2：公司＋基地＋农户/产学研联盟
	创业效果	文本证据（O） O-1：技术创业效果：2014年4月，大米蛋白抗氧化肽加工项目获得第七届中国技术市场金桥奖，同年12月取得湖北省科技成果登记证书——湖北联合生物肽科技有限公司 O-2：培养人才：培训电商创业者23人，家庭农场主4人，合作社理事长2人，水产养殖户11人——安陆市青年创业协会	农业科技型小微企业创业绩效（O-1/2）
产业层面	集群化成长	文本资料证据（J） J-1：产业链集群化发展：承接沿海发达地区电子电路产业向中部地区转移作为战略目标，整合行业资源，携手合作而开发，引进8～10家线路板相关企业入园共同发展，包括线路板生产、代工、环保工程、设备制造、原材料生产、成品组装等，从而实现产业链集群化发展——湖北建浩科技有限公司 J-2：产业生态链：项目以生态农场为核心，从农产品养殖、种植基地、冷链保鲜贮存、分类包装、物流配送到终端连锁店面的销售，完成了整体产业生态链的平台打造——孝感市食品商贸有限责任公司 政府网站资料证据（W） W-1：园区聚集：过集聚科技企业、技术平台、服务平台，把银湖科技园打造成为集孵化器和加速器于一体的创新园区——科技部官方网站介绍孝感市国家高新区 W-2：融合发展：军民融合，发挥军工企业技术优势，支持军工企业发展民品，支持民营企业参与军工领域，打造军民融合产业集群，探索军民融合发展模式。产城融合，推动产业发展、城市建设——科技部官方网站介绍孝感市国家高新区	农业科技型小微企业成长模式选择（产业层面） J-1/2：产业链集群化发展 W-1/2：园区聚集融合发展
	创业（孵化）效果	文件及网站证据（H） H-1：专利及企业增量显著：以院士（专家）工作站为核心，建立多种技术创新平台。2015年，高新区新增院士工作站4个，达到14个；新增省级企业技术中心和工程技术研究中心2个，达到44个。专利申请1039件，其中发明专利396件，专利申请量占全市的46%。2015年新增高新技术企业10家——科技部官方网站介绍孝感市国家高新区 H-2：获得国家部级认可：2015年科技部火炬中心公布2014年608家国家级科技企业孵化器考核评价结果，创业中心被评为优秀（A类，共97家）——银湖科技园政策文件	农业科技型小微企业在科技园区内的创业孵化效果（H-1/2）

续表

核心概念提炼（选择性）		主要证据示例（开放编码）	编码归类（主轴性）
制度层面	创业政策	**访谈证据** P-1：期望基础设施扶持：希望地方政府能够给予基础设施建设的政策扶持，方便未来城市游客的自驾游进出生态农场——惠康生态 **文本证据** P-2：基金及奖励扶持：省经信委中小企业发展软件项目资金立项奖励单位；省科技厅创新基金立项奖励单位——湖北华辰凯龙电力有限公司 **文本证据** T-1：贫困地区改革配套政策："2009年底，积极响应孝昌县委、县政府回归工程号召，毅然决定从深圳回到家乡孝昌创业，公司所在地孝昌位于武汉城市圈、大别山老区、贫困县，享受相关改革政策，且孝昌属武汉城市圈核心圈层，武汉城市圈两型社会建设综合配套改革试验区的有关政策，孝昌均可享受"——湖北建浩科技有限公司 T-2：政府引导性政策及办法："随着农作物品种的改良、生产条件的改善和农民生产投入的增加，特别是国家宏观农业政策调控，我国农产品正逐渐向名、特、优新品种发展，由数量型向质量型农业过渡，以实现更高的农业效益。如农业农村部等部门出台的《无公害农产品管理办法》鼓励相关企业增加有机肥的生产比例，以提高农产品质量改善农产品品质，这就为我们这种类型的公司发展开辟了广阔的发展前景"——湖北金日生态能源有限公司	农业科技型小微企业得到与期望的创业政策扶持（P-1/2）

资料来源：笔者访谈及文本资料收集。

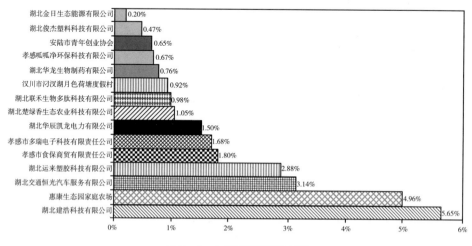

图6-1　访谈资料编码来源

第三节 多案例的扎根分析

一、个体层面因素对农业科技型小微企业绩效的作用

由表6-3收集的各项证据可知，农业科技型小微企业创业者受到来自创业经验、创业承诺等个体层面因素的影响。先前经验是个体在采取某种行动决策（诸如创业等）之前所积累的初始技能、知识和信息的重要组成部分（张玉利和王晓文，2011），这种经验可视为创业者"技能"（Clarysse，2011），能够为创业者提供较为隐性的知识和信息，促使其可能比缺乏先前经验的其他创业者采取更加合理和有效的决策，从而快速获得创业成功。通过表6-3收集的证据显示，乡村创业者个体的先前经验源于三个方面：先前创业经验及技能；专业背景赋予其创业的专业知识；通过工作、专业学习等积累的技术特长或专长。

现有的研究表明，特别是在农村地区，拥有先前创业经验、专业背景和技术专长的创业者创业成功后会形成良好的示范效应和榜样作用，从而大幅度提升其他潜在创业者的创业意愿，进而带来更多模仿的创业行动（朱红根和康兰媛，2014）。通过此次调研数据的编码可以看到（见图6-2），

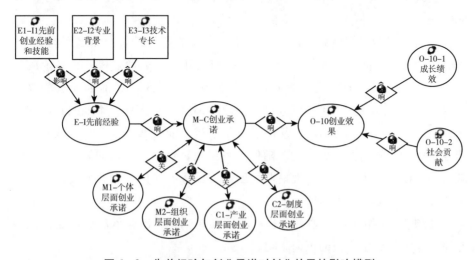

图6-2 先前经验与创业承诺对创业效果的影响模型

创业者的先前经验会强化创业行为的承诺水平（创业者个体承诺水平因其所处层面或环境的不同，显著受到其个体、组织、产业以及制度不同层面承诺水平的影响，且创业个体总体创业承诺水平会反向作用于各层面的承诺水平），并最终影响创业效果。换言之，创业承诺在创业者的先前创业经验、专业背景和技术专长同创业效果之间具有中介作用。基于此，本书提出如下命题：

命题1：从个体层面因素分析，先前经验影响创业承诺水平，进而影响农业科技型小微企业绩效，即创业承诺在先前经验和农业科技型小微企业绩效之间具有中介作用。

二、组织层面因素对农业科技型小微企业绩效的影响

在中国经济的转型背景下，初创小微型企业在创业成长过程中，只有不断创新商业模式，才能保持企业的持续获利能力（Zott and Amit，2011；Khedhaouria et al.，2015）。如表6-3所示，湖北华龙生物制药有限公司通过"自建研发中心+外脑"商业模式，即公司除有自己的新药研发中心外，还与北京、上海、武汉等科研院所、高等院校等建立了广泛的合作，从而获得了快速发展；湖北楚绿香生态农业科技有限公司利用"公司+基地+农户经营模式"来开展生态种养，不仅获得了可观的收入，而且还带动了当地20多家农户通过土地流转发展种养殖，为当地农户人均每年增收8000多元。

著名管理学家德鲁克说过"当今企业之间的竞争不是产品之间的竞争，而是商业模式之间的竞争"。任何企业拥有又新又好的商业模式，必定成为一定产业或区域内的龙头企业或者示范企业，并带来持续的创业示范效应（见图6-3）。于是，围绕示范企业或龙头企业主导的产业，本地的其他创业者也将实施类似的创业活动，从而进一步改进产业要素条件，并降低进入该产业开展创业的门槛，更多的跟随创业者聚集，这一行业内的创业人数、企业群体规模进一步扩大，呈现集群化创业成长特征（闫华飞和胡蓓，2012）。基于此，本书提出如下命题：

命题2：从组织层面因素分析，商业模式创新、创业示范对农业科技型小微企业绩效产生积极的正向影响。

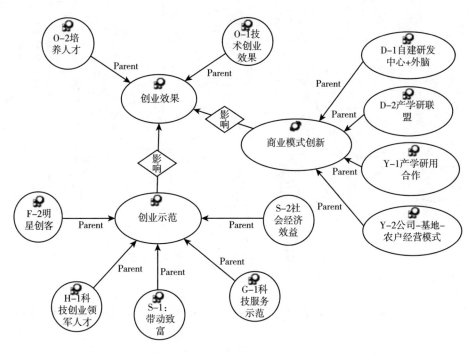

图 6 – 3 商业模式创新与创业示范对于创业效果的影响模型

三、产业层面因素对农业科技型小微企业绩效的影响

产业集群作为区域经济中发展的一种典型的经济现象，在推动地方经济发展中发挥着重要作用（李煜华等，2007）。知识溢出理论认为，在特定的产业集群之中，区域内的企业可以通过一定途径获取更多的外溢知识（Gertler，2001）。由表 6 – 3 和图 6 – 4 可知，无论从事生物科技、电子信息还是其他科技类服务企业，它们均倾向于通过产业集群化成长模式来推动其快速成长，例如，湖北建浩科技有限公司为了承接沿海发达地区电子电路产业向中部地区转移战略目标，整合行业资源，携手合作而开发，引进 8 ~ 10家线路板相关企业入园共同发展，包括线路板生产、代工、环保工程、设备制造、原材料生产、成品组装等，从而实现产业链集群化发展。基于此，本书提出如下命题：

命题 3：从产业层面因素分析，产业集群化成长对农业科技型小微企业绩效具有积极的正向影响。

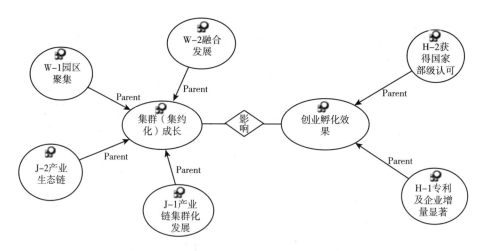

图 6 - 4　集群化成长对创业效果的影响模型

四、制度层面因素对农业科技型小微企业绩效提升的调节作用

有学者发现，在特定历史时期，来自地理位置、技术外溢特征相似等区域之间的新创企业，会因为制度、政策或文化的差异导致在不同集群中新创企业创业绩效水平的不同（Saxenian，1994）。然而，单一个体创业实践活动可能很难改变现有制度刚性，并很难对创业制度环境产生影响，而企业集群式成长会促使政府政策发生积极变化，新的政策又会反过来对整个产业产生深远的影响（Maryann et al.，2005）。因此，除考察个体、组织、产业层面因素对科技型小微企业绩效的影响外，还需充分考察制度层面可能带来的调节作用。以湖北建浩科技有限公司为例，该公司位于湖北孝昌县经济开发区两型产业试验园内，产业园区给予了公司大量工业用地、税收等优惠政策（贫困地区改革配套政策），公司所建 PCB 产业园总建筑面积 11 万平方米，分三期建成，目前已经完成一期1 号厂房 2 万平方米及配套住宿 5000 平方米工程建设，2 万平方米厂房区域总共分为近 20 个流程生产车间，近百条生产线；产业园二期厂房主要是延伸线路板产业链，用于承接沿海发达地区向中部地区转移的电子电路产业，产业园区内以湖北建浩科技一期线路板工厂为龙头，吸引带动相关企业入驻科技园共同发展（创业示范），走集团式集中发展模式，资源共享，优势互补。产业园区内已形成较为明显的集群效应特点，目

前已引进 10 家线路板相关企业入园共同发展，包括线路板生产和代工、环保工程、设备制造、原材料生产、成品组装等，从而实现产业链集群化快速发展（集群化发展）。

农业科技型小微企业创生成长过程中，创业者具有丰富的先前经验，企业除拥有行业中较为突出的专业、技术等优势之外，仍然需要时刻利用国家或政府相关的政策和制度给予的扶持机遇来获得更快的发展。以湖北金日生态能源有限公司为例，该公司自成立以来在创始人常欢的带动下，高度重视技术创新并积极开展新产品研发工作（创新与创业承诺），为了起到高新技术企业的示范作用、龙头企业的带动作用（创业示范），公司聘请南京农业大学相关教授在公司成立了院士专家工作站，通过院士专家工作站科技攻关，开发出生物质能综合利用的新技术、新产品，带动产业化的发展，公司现拥有 1 项有机肥发明专利和 6 项实用生物质燃料生产新型专利。特别是近几年来，公司利用政府出台有机肥生产的鼓励政策，走上了健康快速发展的轨道：农业农村部和国家市场监督管理总局发布了《无公害农产品管理办法》，出台了相关标准；国务院也发布了《关于在全国范围内开展无公害食品行动计划》的纲领性文件（政府引导性规章制度和政策），对食品生产所采用的肥料、农药、土质等做了全新的规定，农业绿色有机及无公害农产品生产已逐步成为全社会的共同要求和必然趋势。目前公司正在实施利用农业废弃物（农作物秸秆和畜禽粪便）进行有机肥的开发、生产，通过项目的实施，正在稳步提高企业的经济效益（提升农业科技型小微企业创业绩效）。

由图 6-5 及表 6-3 可知，地方政府针对不同类型的企业出台了相应的扶持政策，这些政策对农业类科技型小微企业的成长具有重要的促进作用。例如，迄今为止，孝感市国家高新区建立院士（专家）工作站 14 个，省级技术中心和工程技术研究中心 44 个，园区内企业 2015 年申请专利 1039 件，其中发明专利 396 件，专利申请量占全市的 46%。2014 年湖北联合生物肽科技有限公司的大米蛋白抗氧化肽加工项目获得第七届中国技术市场金桥奖和湖北省科技成果奖；安陆青创协会培训各类创业者 40 余人。与此同时，各级地方政府也需要不断创新政策，从而实现农业科技型小微企业成长阶段与创业资源的有效匹配，如惠康生态科技农场希望地方政府加强道路等基础设施建设，方便自驾游游客进出生态农场。基于此，本书提出如下命题：

命题 4： 从制度层面因素分析，不同阶段的创业政策在先前经验、创业承诺、商业模式创新、创业示范、集群化成长与农业科技型小微企业绩效关系之间具有显著的调节作用。

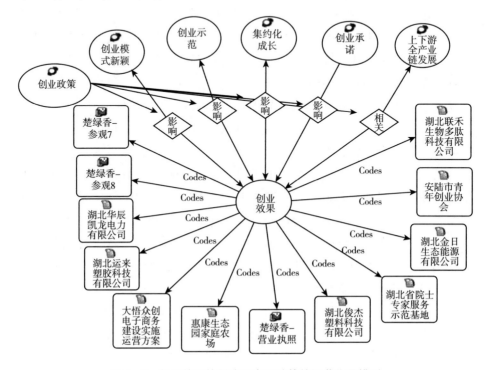

图 6 - 5   创业效果的影响因素及政策的调节作用模型

五、农业科技型小微企业绩效提升的跨层次传导机制

如前所述，本书运用扎根理论对案例企业的原始数据进行编码、质询、连接以及模型化，获得了初步的理论命题。为了提炼更深层次的原创性洞见，需要反复进行扎根与挖掘分析，以获得更多具有启示性的核心概念和范畴。鉴于篇幅的限制，本书选取三家极具代表性的农业科技型小微企业进行了深入的编码分析与提炼归纳（见表 6 - 4），并构建了科技型小微企业绩效提升的跨层次传导机制模型（见图 6 - 6）。为了进一步理解本书所提出的模型内涵，下面详细阐述每一个核心概念与范畴间的作用关系。

表 6－4　后续典型案例企业成长跨层次传导形成机制证据示例汇总

不同成长阶段 示例性案例企业	个体层面（范畴化）（概念化及原始编码）		组织层面（范畴化）（概念化及原始编码）		产业层面（范畴化）（概念化及原始编码）	制度层面（范畴化）（概念化及原始编码）	创业效果（原始编码、概念化及范畴化）
	先前经验（E）	创业承诺（C）	创业示范（M）	商业模式创新（B）	集群化发展（C）	创业扶持政策（P）	（O）
湖北楚绿香生态农业科技有限公司（创办时间 2015 年，简称 CLX）创立初期阶段（1~2 年）	E-17 专业技能："丰富专业农业知识"（E-17-29） I-17 相关工作经验："公司创始人刘总长期从事农技术专业推广工作"（I-17-1）	C-17 有使命感："热心如何通过自身农业技术专长来带领村民致富"（C-17-18） F-17 乡土情结："长期扎根于农村环境，离不开了"（F-17-19）	M-17 规模效应："大梧县三里镇汪畈千亩稻鳅综合种养基地"（M-17-22） Z-17 基地示范："基地辐射和带动当地 20 多家农户"（Z-17-16）	B-17 创新农业生产模式："农业生态科技生产模式能够产生高效生态农业生产模式"（B-17-Y2） T-17 创新经营模式：流转土地 3000 亩，400~450 元/亩，形成了水稻种植、水产养殖、农业观光以及互联网+电商销售一体化的经营模式（T-17-Y3）	U-17 形成产业链："通过基地发展带动相关产业的发展和兴盛"（U-17-1） T-17 周边产业聚集："围绕公司种养基地开发乡村旅游项目，吸引相关经营体入驻"（T-17-2）	P-17 创业能人地方扶持："地方政府给予土地流转优惠、种子、化肥资金补贴等众多政策扶持"（P-17-1） R-17 创业绿色通道："急创业者之所急，工商所上门送营业执照，提升创业效率"（R-17-3 孝感当地媒体报道）	O-17 公司效益：千亩稻鳅种养基地 2015 年 10 月开建，投资 500 万元，总收入 1000 万元，利润 310 万元（O-17-1） S-17 社会效益：20 多家农户与公司合作，帮助当地贫困户脱贫致富。（S-17-2）

传导效果提炼：个体层面（CLX 创始人刘庆胜自身丰富专业工作经验及投身农业的创业承诺，E-17/I-17/C-17/F-17）→组织层面（CLX 通过创新商业模式等经营模式，生产和经营模式实现创新创业成功，企业自身示范效应，M-17/Z-17/B-17/T-17）→产业层面（CLX 创业初期具有较强的产业化思维，U-17/T-17）→创业效果（CLX 企业社会均受益，O-17/S-17）（制度层：老区创业全程接受政策帮扶 P-17/R-17）

续表

不同成长阶段示范性案例企业	个体层面（范畴化）（概念化及原始编码）		组织层面（范畴化）（概念化及原始编码）		产业层面（范畴化）（概念化及原始编码）	制度层面（范畴化）（概念化及原始编码）	创业效果（原始编码、概念化及范畴化）（O）
	先前经验（E）	创业承诺（C）	创业示范（M）	商业模式创新（B）	集群化发展（C）	创业扶持政策（P）	
湖北联禾生物多肽科技有限公司（创办时间 2014 年，简称 LH）成长阶段（3~4 年）	E-12 专业特长 "退伍归乡后自 2012 年联合华中农业大学联合生科技院多名技术专家开展一系列蛋白和肽研究工作"（E-12-1）；I-2 相关工作经验："毕业后从员工至销售部副总经理，积累了一整套生物化工相关行业的生产流程和销售管理经验。"（I-2-3）；	C-12 社会承诺："为了尽快让企业大学食品科技投产社会受益，我勤跑各部门和工地，碰到很多困难，但看到机理想都近，觉得一切都是值得的"；M-12：穷则思变，革命老区粮食生产附加值太低，做立志创业改变现状。（M-12-1）	M-12 在位效应："利用控股股东—湖北志清生物科技有限公司的同性质行业"短而市场渠道开发"周期"（M-12-2）	B-12 线上线下模式创新：计划 5 年内累计发展大米多肽产品代理商 500 家，网络＋实体创新销售模式占领 30%的产品销售份额（B-12-1）；S-12 海外返销模式："通过在海外设立销售公司，打造洋品牌回流返销国内模式"（S-12-2）	U-12 研发集群："同湖北志清生物科技有限公司、华中农业大学、武汉工程大学及武汉轻工大学等科研院校建立技术开发集群联盟关系"（U-12-1）；T-12 产业链定位："提升下游生产企业超额盈利能力，迅速占领多肽供应链市场的制高点，扩大市场占有率和品牌国内模影响力"（T-12-2）	P-12 征地及税收减免："大悟县政府为本项目进驻提供了 500 亩工业生产用地，零地价、税收减免及贴息资金支持等许多优惠政策"（P-12-1）；P-12 保健食品认证制度顺待完善："选择洋品牌返销实属无奈之举，众所周知，中国众多食品同质所导致的消费者对国内品牌的极不信任，政府应完善这方面的制度"（P-12-2）	O-12 企业效益："企业 2014 年销售额 1500 万元，销量 50 吨，实现净利润 575.8 万元（O-12-1）；S-12 市场与技术双重认可："大米蛋白抗氧化肽加工项目获得第七届中国技术市场金桥奖，并取得湖北省科技成果鉴定证书"（S-12-2）
传导效果提炼：个体层面：（LH 创始人梁某退伍后长期从事生物化工相关工作积累了大量工作及技术经验，为兑现改变革命老区现状的创业承诺创业，E-12/I-12/C-12/M-12）→组织层面（LH 利用行发联盟形成的技术优势占据本产业链经验快速成长，并尝试上线下及海外返销等商业模式创新获得成功，M-12/B-12）→产业层面（LH 利用科研联盟期望获得同行业优势，U-12/T-12）→创业效果（LH 企业和社会均受益，O-12/S-12）→海外返销，P-12-2）；制度层面（相关制度不完善期望完善制度改变者，制度不完善引致企业较高的创业成本，制度不完善期望完善制度改变者，制度）							

续表

不同成长阶段 示范性案例企业	个体层面（范畴化）（概念化及原始编码）(E)	组织层面（概念化及原始编码）(M)			产业层面（范畴化）（概念化及原始编码）(C)	制度层面（范畴化）（概念化及原始编码）(P)	创业效果（原始编码、概念化及范畴化）(O)
	先前经验	创业承诺 (C)	创业示范 (M)	商业模式创新 (B)	集群化发展	创业扶持政策	
湖北华辰凯龙电力有限公司（创办同时间2012年，简称HCKL）成熟阶段（5~6年）	E-21 拥有专业应用相关证书：（E-21-1）"2001年毕业于山东大学计算机应用专业，取得两项电力相关专利证书"；I-21 一直在电力公司从事中层管理（I-21-31）"2012年之前一直在电力公司办公，一直从事中层管理"	C-21 创业意向明确："虽然长期处于稳定工作状态，但创业的想法始终在脑海中盘旋"（C-21-23）；F-21 事业蒸蒸日上，老婆哥哥因患白血病，家里十分困难，遭遇开头难"当我踌躇满志准备创业时，老婆哥哥因患白血病，家里十分困难，遭遇开头难……个人照顾好了，家庭经够了，但想去勤劳折腾下供读书，不就是为了让我有点出息吗？"（F-21-2）	M-21 园区示范："2016年在湖北打造具有全国示范效应的电力示范侧管理园区"（M-21-3）；L-21 区域行业领袖"HCKL成为湖北唯一一家一级电能服务机构（如农电改造等），其他电能服务机构须用户传统专家分析解决用户的电能管理困难"（L-21-3）；G-21 "董事业企业创业领军人才"（L-21-3）兵："董事业企业创业领军人才"	B-21 平台式商业模式："基于网络化的电能管理平台，通过用户端用电节点上安装用电能监测仪，实时监测用户的电能数据，通过数据转换传输到互联网上，由电能管理专家分析折解决用户的电能管理困难"（B-21-2）；R-21 盈利模式："用户购买电能管理系统设备，用户加入会员、缴纳平台会员费，公司销售系统设备"（R-21-4）	U-21 集群化及规模化发展："计划2017年底，整合培训教育评估机构，助推电力集群化，集合电能服务机构及华中五省电能管理快速发展，助推HCKL走向集群化发展道路"（U-21-3）	P-21 政府资金政策支持："政府不惜对电力需求发展有扶持资金，且还进行了积极引导与需求，国家电网公司慢慢也加入到电能服务商中来，第三方电能服务商开始涉足此行业"（P-21-1）；D-21 跨身行业政策制定者："HCKL被省经信委指定为湖北省电力管理员单位，配合中省电力领域快速发展，助推电力走向全国电力相关制度及行业标准制定工作。"	O-21 企业效益：HCKL2016年税后净利润分别为800万元，2017年预计净利润1000万元（O-21-1）；S-21 企业社会龙誉度："董事长孝感市首届明星创客"；（S-21-1）；Y-21 客户认可："完成孝感高新区行政大概及电能管理系统的大米机电能管理中心进行上线安装和实际运营 效果非常好"（Y-21-3）

传导效果提炼：个体层面（HCKL创始人龙青利用专业经验优势在过世达人激励下投身创业，E-21/I-21/C-21/F-21）→组织层面（HCKL通过用企业电能服务行业全新平台式商业模式创新之路，M-21/U-12）→创业效果（企业绩效出众，O-21/S-21/Y-21）；产业层面（HCKL通过产业园区等途径走规模化并成为区域服务城乡而快速达成，并成为区域服务城乡，M-21/S-21/Y-21）→创业效果（企业绩效出众，O-21/U-12）→创业效果（HCKL通过产业园区等途径走规模化发展并成为区域服务城乡，制度层面：从创业政策导向受转变为相关行业政策制定工作。

注：（1）不同层面字母编码字母标签来自 Nvivo 原始编码树状节点，简称 Tree Nodes；（2）范畴化概念及传导过程提炼有重复。
资料来源：调研数据。

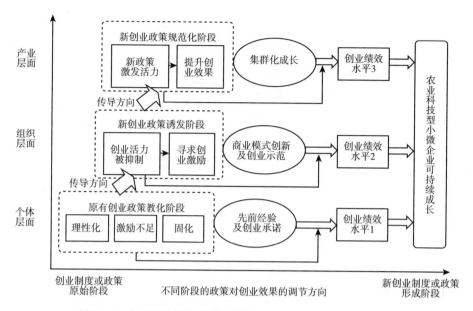

图 6-6　农业科技型小微企业绩效提升的跨层次传导机制模型

1. 个体层面（先前经验与创业承诺）

个体作出相关决策之前特别是在决定是否选择创业时，一般会受到先前经验（前期经历）和当前情境影响，比如失业状态或家庭经历和承诺，或者某段时期特殊事件发生对个人志向的激励。由表 6-4 可以清楚地看到，无论是处于初创期的湖北楚绿香生态农业科技有限公司还是处于成熟期的湖北华辰凯龙电力有限公司，它们的创始人均具有从事所在行业的技术特长和经验。然而，具有相似先前经验和专业技能的人很多，为何他们毅然选择进行创业？从以上两家企业的创始人刘庆胜和龙青春的回答便可见一斑，"要带领老百姓脱贫致富""创业的想法始终在脑海里盘旋"，不忘初心的创业承诺始终让他们坚定创业信念并积极采取行动，而不是坐等观望，更不会因为一时人生挫折或打击而轻易放弃。显然，创业承诺作为创业者投身创业的内心执念，能够将创业者拥有的技能和经验进行有效的转化和发展。从这个意义上讲，创办新企业既是创业者先前经验的一种动态延续，也是创业承诺的一种兑现行为。

2. 组织层面（创业示范与商业模式创新）

研究表明，创业示范所产生的知识外溢可被视为提升创业绩效的有益行为。为此，农业科技型小微企业一般会通过相应途径获取外溢知识，源于一定区域内的企业知识位势存在差异，即知识溢出会从示范龙头企业流向其他后发企业；而且企业自身也可作为知识外溢接收者和传送者。从表6－4不难看出，CLX公司创始人刘庆胜在当地所产生的创业示范作用非常显著，带动了众多农民创业致富；梁梦所创立的LH公司则是受到其核心控股企业的创业示范作用获得快速成长。实际上，知识外溢所带来的直接结果就是：为适应环境变化并持续满足新需求、创造新价值，新进入企业或后发企业都将基于示范企业的商业模式进行一定程度的改进或创新，以此获得比较竞争优势，例如，LH公司采取线上线下模式以及海外品牌返销模式，HCKL公司提出了电力服务行业的全新平台式商业模式。

3. 产业层面（集群化发展）

企业集群是有利于解决分工和交易费用增加两难冲突的一种高效产业组织模式，作为社会网络根植性与社会资本形成的集群合作机制，通过集群内企业的合作可有效降低相关创业者与其他经济主体之间的交易成本。由表6－4可知，在创业过程中，除CLX公司在初创阶段对集群发展的依赖度不是太高外，其他两家企业都将集群化发展视为推动企业发展的重要途径和手段，它们既依赖于创新集群（LH公司与区域内多所高校建立科研合作关系，并在产业链内占据重要位置），又注重集群化的发展路径选择（HCKL公司更是打造园区和整合多元服务主体来共同构建创新供给体系）。与此同时，产业链中众多小微企业随之集聚，自然就会逐步形成一定的产业集群和集群效应，导致大量的科技型小微企业呈现集群化成长的特征，从而进一步有效提升产业内科技型小微企业的成长速度。但反过来，这种集群化成长模式必然会对产业知识外溢速度、研发风险和成本分担以及产业转型升级加速产生积极而又深远的影响。如此一来，科技型小微企业绩效水平从个体层面到组织层面，进而到产业层面都获得了跨层次激活与传导。

4. 制度层面（创业扶持政策）

我们需要正视的一个事实是任何形式的创业活动均是处于一定制度或政策环境之内，如沃特和司默本（Welter and Smallbone，2011）所指出的那样，一定时期内任何制度或政策具有正和负的外部效应，靶向性强的制度或政策可能会激发创业者的创业热情，而针对性不够的制度或政策甚至可能会演变成创业活力提升的障碍。从表6－4可清晰地看出，在中国特有的情景下，创业者与制度的互动过程明显受到政府参与程度及其变化的影响。从CLX公司创始人刘庆胜作为创业政策的相对被动受惠者，到LH公司创业过程中不满足于现有创业扶持及优惠政策，通过洋品牌海外返销模式来规避湖北（大别山地区）本土保健食品因制度性缺陷而导致顾客信任不足的问题，最后到HCKL公司创始人龙青春作为湖北电力服务行业制度及标准制定的参与者，这些都表明科技型小微企业创生成长的不同阶段会受到来自制度或政策的动态调节作用，其绩效水平也会呈现一定的差异性。

综上所述，由图6-6所展示的农业科技型小微企业提升创业绩效的传导机制模型可知，乡村创业者个体的先前经验和创业承诺等因素是创业过程的逻辑起点和原始动力，创业企业通过组织、产业和制度层面多层因素的传导，才可实现企业绩效水平的提升。值得一提的是，对于农业科技型小微企业的创业效果（绩效水平），应该从多个层面予以考察，既要考量企业自身盈利能力，还需要看到企业的社会美誉度，即此类企业为产业、社会以及消费者等相关利益体所带来的回报，而不应该仅限于企业层面的绩效状况。

第四节　结论及讨论

一、研究结论

基于扎根理论的多案例分析，本书从个体、组织、产业以及制度层面等影响因素跨层次分析了先前经验、创业承诺、商业模式创新、创业示范、集群化成长对农业科技型小微企业绩效的影响关系以及创业政策的调节作用，构建了农业科技型小微企业绩效提升的跨层次传导机制模型，一定程度上较好地回答本书开篇所提出的三个核心问题，并得出了如下几点结论：

第一，农业科技型小微企业的创始人一般具有丰富涉农先前经验和较高的创业承诺水平。我们的调研发现，农业科技型小微企业的产品所采用的技术与其创始人专业背景、技术专长以及先前创业经验具有较高的相关性。进一步，科技型小微企业创始人先前所接受的专业教育和经验积累，逐步形成了这些创始人投身某行业开创事业的创业承诺，而且这种创业承诺的水平高低和落地与否将直接影响创业效果。因此，拥有丰富的先前经验，如先前工作经验、先前创业经验、先前管理经验、长期培养的技术专长等，并且具备较高的创业承诺水平的创业者更倾向于创办科技型企业开展创业活动。

第二，农业科技型小微企业需要不断创新商业模式并积极发挥其创业示范作用。不同于传统的行业，科技型小微企业更强调研发和创新，但是单一的技术突破越来越难以产生直接的商业效益，只有创新商业模式，将各类创新主体与资源整合在一起，才能实现突破性创新，才能快速提升创业绩效。因此，在"双创"背景下，科技型小微企业的创业者要充分发挥企业家精神，不断整合企业内外部资源，推动商业模式创新，从而创造更多的经济效益和社会效益，充分发挥其在本区域、本行业内的创业示范效应。我们的调研也发现，例如，湖北楚绿香生态农业科技有限公司利用"公司＋基地＋农户经营模式"来开展生态种养，不仅获得可观的收入，而且还带动了当地一批农民发家致富。

第三，农业科技型小微企业应当主要采用产学研用联盟模式开展集群化的技术创业。显然，这里的集群不单单是以科技型小微企业为主的集群，而是联合研发中心、科研机构、高校等相关部门所形成的集群。同时，政府需要加强建立能有效整合产学研用各类资源的科技园区，可借鉴和学习美国众多科技园区的建设经验，尽可能在高校和科研院所附近而不是偏远的郊区建立科技园区，并在园区内设置企业与高校、科研院所共建的国家级、省级、地市级的实验室，创造有利条件确保合理的人才流动和技术交流，从而为科技型小微企业的技术创新和集群化成长提供持续性的动力来源。

第四，创业政策在不同层面的影响因素与农业科技型小微企业绩效之间发挥了积极的调节作用。在中国经济转型背景下，农业科技型小微企业处理各种交易活动时，不仅需要支出较高份额的非交易性资源，而且还面临一系列制度困境，如较高的关系风险、缺乏合约约束力、市场信息失真以及相对薄弱的知识产权保护措施等。简言之，我国农业科技型小微企业成长状况不仅会受到市场经济环境因素的影响，还会受到技术、政治制度环境的影响（Li and Matlay，2006；Yu et al.，2013）。因此，作为社会变迁的重要推动者，农业科技型小微企业创业者应积极推动制度创业、集群化成长等，从而对现有的制度环境产生积极的影响，以获取不同成长阶段所需的创业资源。

二、主要理论贡献

本章研究的主要理论贡献有：（1）对创业者特质理论的拓展和延伸。在创业研究早期，创业特质理论很好地解释了个体选择成为创业者并创业成功的原因，从而一度成为创业领域的主流研究。尽管近 20 多年来，由于其研究结论含混不清且缺乏有效的解释力而逐渐遭到质疑（田莉和龙丹，2009），但不可否认创业者在创业实践中仍处于主体性地位，从而导致了理论研究与实践发展的悖论。基于此，学者们研究发现，作为创业者特质的先前经验是影响创业行为和过程的关键预测变量，也是影响新创企业创业绩效的重要初始条件。本书从先前经验出发，进一步明确了其在农业科技型小微企业成长过程中的原始动力，并合理揭示其作用于乡村创业绩效的传导机制。（2）丰富了创业过程模型的研究，推动了创业者特质理论与创业过程模型的融合，进一步促进了企业成长理论的发展，也是对未来创业理论的一次有益探索。迄今为止，创业过程研究获得了长足发展，基于不同理论视角探讨了新创企业成长的影响因素，包括创业者（团队）、机会、资源、制度环境等，以及这些因素之间的相互作用与相互依赖关系，但现有研究仍未有效区分这些影响要素的不同层面及其内在关联。本书尝试将创业过程中不同层面的要素串联在先前经验这一解释视角下，深入挖掘其如何嵌入创业行为进而作用于科技型小微企业生存与成长，从而构建提升科技型小微企业绩效的作用机理整合模型。

三、政策启示

大量的事实表明，政府在促进农业科技型小微企业发展中发挥着不可替代的作用，除做好顶层设计之外，还需做到：（1）政府需要引导科研院所、高等学校等相关部门和机构针对不同专业背景的大学生定期或不定期开展有效的创业教育和技能培训，让这些潜在的创业者先期掌握创业的基本理论和专业知识与技能，并鼓励此类学生先行从事相关产业的工作，随后便于大学生能够根据自身的技术专长、先前工作经验和创业承诺水平选择是否创业。（2）农业科技型小微企业在创生成长过程中，因为技术能力的不足和企业自身创新的需求，往往会选择产学、产研或产业间研发联盟的方式开展技术创业。从这个意义上讲，农业科技型小微企业的发展更适合集群化发展，政府部门应该建立更多、更广泛的集群化创业创新网络平台，为科技型小微企业的创新发展注入助推剂。（3）政府针对农业科技型小微企业的创业扶持应该更具靶向性。调研中我们发现，部分农业科技型小微企业开展创业活动时在技术、人才方面基本没有太多的问题，更需要的是各级政府提供较为公平和良好的创业环境，特别是基础设施条件的持续改善。

四、不足与展望

从总体来看，本章的研究依然存在以下局限与不足：（1）本章研究缺乏区域内更多具有代表性的样本，难以让其他企业从本章的研究中获得更多具有洞见性的建议；同时，本章通过扎根理论和多案例分析相结合的方法，获得了一些命题和概念模型，但尚缺乏大样本数据的实证支持。未来研究需要在更大范围内获得更多的样本数据对概念模型进行验证，还可以对命题中涉及的范畴进行操作化定义并采用较成熟的量表或开发变量新的量表，对变量之间的关系进行实证检验。（2）本章关注了先前经验、创业承诺等个体层面因素、龙头企业的商业模式创新与创业示范效应等组织层面因素、集群化成长等产业层面因素对农业科技型小微企业绩效的影响，以及创业政策在不同层面影响因素与绩效的调节作用，但是同一层面内不同影响因素之间的关系、连接个体与产业两个不同层面的影响机制并不太明朗，政策的调节作用也有待进一步验证。未来的研究可以考察创业学习、制度创业等方面的调节或中介作用，以及同一层面影响因素的相互关系及其对创业绩效的交互效应，以进一步完善农业科技型小微企业绩效提升的跨层次传导机制动态模型。

第七章 主要结论与政策启示

围绕乡村创业者这一相对特殊的群体研究，因为环境的限制，如乡村创业者不像城市创业者那样集中而显得分散，故而不能够很好地收集关于他们的有用调查数据，创业形式相对单一，创业内容和手段缺乏核心技术的支撑，继而导致学者们从主观上认为乡村创业可能缺乏研究的纵深。正是基于以上原因，有关乡村创业这一重要研究主题没有引起学界的足够重视。但是，随着我国政府从战略高度来推动"乡村振兴"，其目的在于通过一系列的鼓励政策来吸引各种能人能够留乡创业，从而带动乡村能够从根子上摆脱贫困，缩小同城市的经济发展差距。本书根据第一章所提出的乡村创业跨层次多元传导概念框架的研究思路，首先，通过对一手数据（总计回收有效样本294份）的描述性统计分析、探索性和验证性因子分析，核心变量的多元层次回归分析获得了一些初步的研究结论；其次，通过收集的农业农村统计年鉴等二手数据的分析，针对农业科技专利技术成果转化中知识产权保护带来的创新扩散效应对于提升区域经济、区域百姓的幸福绩效等进行了计量模型分析和验证；最后，根据前文总体概念模型，本书还通过实地调研对乡村创业者具体进行深度访谈，获得了十多家乡村创业的重要田野分析材料，凭借质性分析软件 QSRNvivo 的编码、节点质询、模型构建等功能获得了一些重要的多案例分析结论。

第一节 主要结论

第一，乡村创业者是一个较为特殊的创业群体，他们因地域、环境以及行业特征的影响使得乡村创业者群体具有明显异于其他创业群体的特征。乡村创业者由于农业生产代际分工因素的影响，乡村创业者平均年龄普遍较高，其中女性乡村创业者平均年龄要稍低于男性乡村创业者。乡村创业者的学历普遍不高，主要集中于初中学历，从事的创业企业类型聚焦在种养类，但近年来有新兴行业开始涌现，如乡村旅游、农业＋电商等行业；在不同创业企业类型中，乡村创业者表现出的创业精神有所差异，由于企业类型的不同所要求的创业技能和经验不同，故而使乡村创业者在有些企业类型中创新性表现更突出，如农产品加工类企业；有些企业类型里的具有初中学历的乡村创业者风险承担能力较强，如纯种植、种养结合类企业；而从超前行动力或先动性上来讲，乡村创业者群体中，低学历者如初中、小学文化背景者往往具有优于高学历者的超前行动力或先动性。由此可见，我国乡村创业者群体是一个相对庞大的且构成背景多元的重要群体，他们在推动我国乡村振兴战略落地过程中将会发挥重要的支柱性作用。显然，学术界不能忽视对该群体的深入探索和跟踪研究。

第二，乡村创业是一个高情境依赖性的创业活动，乡村创业的成功需要乡村创业者具备一定的先前经验，同时，通过外部客观的知识溢出获取更多有关乡村创业所必备的知识和技能，并根据创业企业的类型选择适当的产业集群化创生路径。乡村创业受限于地域、产业特性，一些创业活动的发生地必须选择比较偏远的农村地区，如种植类企业或养殖类企业；一些创业企业可能需要相对集中于乡镇结合地域，如农产品加工、流通服务企业，它们需要借助比较便利的交通和物流基础设施才能获得发展。由此可见，乡村创业因为自然环境、产业环境的外部冲击，要想获得创生成长，需要克服更多的障碍和困难。首先，作为乡村创业者，他们必须具备较为丰富的农业等产业工作经验、先前创业经验以及农技培训等经验，这些必备的技能和素养将会让乡村创业者少走"冤枉路"；其次，乡村创业也是一个需要不断更新特殊技能和知识的行业，需要乡村创业者通过外部客观的知识溢出获取更多有关创业的必备技能，如移动互联网技术、农业电商营销模式等。知识外溢会助推部分适合集群式发展的创业企业选择产业集群式发展道路，而反过来，产业集群式发展也能够助推知识溢出的速度和效率，使更多乡村创业者获益。

第三，农业科技的开发与转化能够为农村地区经济发展提供内生性动力，特别是在活跃农村地区经济中发挥着重要作用，而乡村地区经济活动中的核心是乡村创业活动，基于知识产权保护效应中的创新效应和制度效应，对于提升乡村区域居民经济收入具有显著提升作用，而相对主观的幸福绩效水平影响具有一定的滞后性。随着各级地方政府对农业科学技术的推广和扩散的重视，提升农业技术特别是创新性清洁能源等技术在乡村地区的转化效率，能够为乡村经济发展发挥重要的推动作用，农业的发展要趋向于精细、绿色以及多元协调。显然，乡村地区经济的振兴和发展更多要依赖于农业技术的真实转化并造福乡村地区百姓，不能快速发展了经济，得到了"金山银山"，却失掉了"绿水青山"，让老百姓怨声载道。

第四，无论是科技型小微企业还是其他类型的乡村创业企业需要选择以乡村创业者个体的先前经验、创业承诺等个体层面的因素为逻辑起点，推动乡村创业者在组织层面、产业层面获得创业传导动力，并通过随着时间变化的政策调节作用达到提升乡村创业绩效的目的。农业科技型小微企业在乡村创业企业中发挥着生力军的作用，其创业的成功将在整个乡村创业群体里形成较强的示范效应并最终活跃和拉动周边创业活动，这与前文所获得的研究结论是一致的。乡村创业过程中，各级地方政府需要提供具有精准性的、靶向性明确的创业扶持政策，它们在推动乡村创业成功过程中发挥着积极的调节作用。乡村创业者还需要善于利用创业绩效提升的跨层次传导模型为指导，积极发挥好创业承诺、先前经验的内驱动力因素，还要充分调动产业集群的、政策扶持的外驱力因素，从内外两个方向上获得创生成长的持续动力。

第二节　政策启示

自党的十九大提出"乡村振兴"战略以来，中共中央国务院接连公布和印发了《中共中央国务院关于实施乡村振兴战略的意见》和《乡村振兴战略规划（2018—2022年）》两个重要文件。国家从战略层面所擘画的中国乡村未来发展方向是明朗的，也是亿万农民所期盼的乡村经济与社会复兴梦：产业兴旺、生态宜居、乡风文明、治理有效、生活富裕！然而，抵达目标的道路不可能一帆风顺，年初突发的新冠疫情让世人始料未及，外部环境变得愈发不确定和难以预测，特别是西方社会出现了一股逆全球化思潮，这必将对我国"乡村振兴"战略目标的实现造成一定的冲击。因此，我们需要采取正确的应对策略来迎接这一挑战，特别是后疫情时期，我们乡村振兴战略的实施需要采取更加积极、有效和精准的应对之策。实业界和学界一直倡导通过积极扶持政策，吸引优秀农业人才留乡创业，以乡村创业促乡村经济复兴，以乡村经济复兴为基础来最终实现"乡村振兴"战略。

第一，发动"一懂两爱"乡村创业人才积极参与乡村振兴。乡村创业关键要靠"懂农业、爱农村、爱农民"的有情怀的复合型人才投身于乡村振兴事业中来。但不容忽视的事实是,当前,我国乡村核心人才如乡贤等在加速向城市的流入。随着我国的城镇化进程的加速,我国农业人口占全国人口比率从 1978 年的 82.1% 下降到 2017 年的 41.5%;第一产业农业的从业人口从 2000 年的 3.6 亿人下降为 2017 年的 2 亿人左右,其中,在乡村就业人数中,第一产业所占比率从 2000 年的 73.7% 下降为 2017 年的 59.5%(见图 7 - 1)。乡村人口流入城市的最大动力在于:城市劳动力市场提供了更多和更好的就业机会,但从长远来看,若当前众多在城市工厂务工的农村进城人员,不在乡村地区或者第一产业中留下退路,相当部分进城务工人员未来可能不得不面临失业的风险。

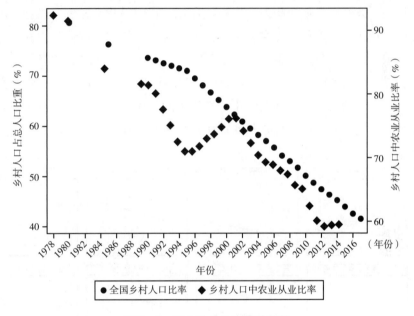

图 7 - 1 农业从业比率变动趋势

资料来源:《中国农村统计年鉴》(2018)。

显然,国家从战略层面提出乡村振兴其核心目的在于鼓励更多的既懂农业、擅长农业,又具有农业情怀的创新创业人才返乡创业,也是在因应未来的可能面临的诸多挑战。近年来,随着各级政府针对乡村创业大力扶持政策,我国乡村地区的创业势头良好。根据《中国农村统计年鉴》(2018)的统计数据显示,我国新型农业经营主体数量不断增加,以核心主体农业合作社为例,其 2017 年末工商注册登记总量已达 174.9 万家,同时,当期合作社总计实现经营收入 5806.92 亿元,专业合作社可分配盈余达到 999.481 亿元。这也说明,在我国广大农村地区开展创业大有作为。我国著名"三农"问题专家、武汉大学中国乡村治理研究中心主任贺雪峰教授在其一系列有关我国乡村治理等相关著作中指出，乡村地区为我国现代化进程提供了重要保障作用：农村是一个蓄水池和稳定器，它能广泛接纳广大"半工半耕家计模式"的返乡农民。特别是 2020 年年初暴发的新冠疫情，大量进城务工人员在春节返回家乡后，疫情较严重的地区并没有因为长达 3 个多月封城、封村等应急响应政策引起更大的社会问题。相反，一些在乡村从事农业生产的业主们则无偿向城市供应新鲜蔬菜等农资以帮助城市居民渡过难关。这也从侧面说明国家提出乡村振兴战略决策的英明和正确！

第二，鼓励乡村创业能人在农业现代化过程中寻找乡村创业机会。城市工厂的自动化和智能化进程在加速，我国乡村地区的农业现代化也在提速升级。我国乡村现代化过程中则呈现如下特征：（1）农业生产已具备较高的现代化程度。乡村地区的农业生产活动随着我国多级农业推广体系的有效运转，在部分经济基础较好省份且以农业生产为主的乡村地区已基本实现了农业生产现代化，其主要外在表现是从农业生产中育种、耕种、收割以及农产品加工等基本采用了机械化（见图 7 - 2 和图 7 - 3）。近年来，沿海一些发达地区

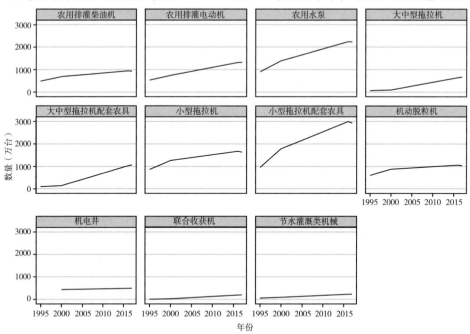

图 7 - 2　我国近 20 多年来的农业机械化增长趋势

资料来源：1995 ~ 2018 年《中国农村统计年鉴》。

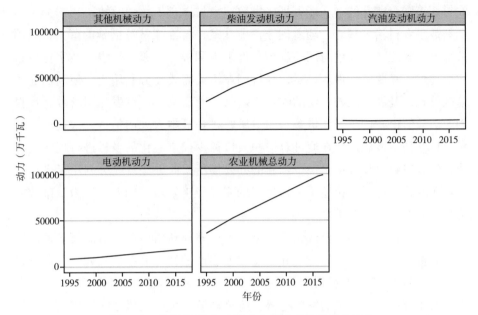

图 7 - 3　我国近 20 年来的农业机动力统计增长趋势

资料来源：1995 ~ 2018 年《中国农村统计年鉴》。

的农业生产已初步呈现网络化、信息化及数字化（即通过农业数字监控技术，对农业作物的生长、滴灌等作业形成全智能化管理），也可以囊括在农业生产现代化的范畴。（2）乡村社会中居民的生活已经现代化。乡村居民的生活水平随着国家城乡一体化发展战略的推进，也基本实现生活的现代化，其主要表现为，广大农民能够很方便使用智能手机、电脑等设备，并连通移动互联网。（3）乡村地区的创业或经营活动还保持着相对传统的方式。在多年的乡村创业基层调研中，我们发现，乡村地区的生产经营活动依然停留在传统经营方式和方法上，例如，采取传统销售渠道（如乡镇集市、普通商超），通过熟人关系销售农产品。造成的结果是——一些新型经营主体，面临市场的波动，总处于被动应对的状态。显然，随着通信技术、互联网技术、物流技术以及农业大数据技术的发展，乡村创业主体需要不断革新思想，努力学习和培养数字化时代市场拓新的能力和素质，借助农业农村部所推出的"专家 + 农技人员 + 示范基地 + 新型经营主体 + 市场"的农业技术推广模式，生产符合市场需要的农产品，并凭借农业电商网络平台等来开拓全国乃至全球市场，这才是乡村创业寻找创业机会和发展壮大的正确出路。

第三，以现代数字技术和智能技术助推乡村创业。数字乡村模式是农业农村部等联合印发的《关于开展国家数字乡村试点工作的通知》正式提出的全新数字乡村治理理念。随着国家产业扶贫、精准扶贫等措施的落实，我国大部分乡村地区在通信与网络基础条件上得到极大改善，这也为数字化乡村建设提供了必要的条件。显然，乡村创业活动需要充分利用当前便利的通信基础设施，开展与之相匹配的农业创新与创业活动。一些发达国家数字乡村创业活动值得我们学习和借鉴，如卫星农村是日本人大南信也首次提出的农村卫星办公室概念，旨在通过对一些人口稀少或空心化的乡村进行现代化改造，为城市数字牧民提供一个全新的办公场所，此办法既充分利用了乡村地区众多闲置房产，还拉动了乡村地区的服务经济发展，同时，还为城市数字游牧民降低了生活成本。

显然，我国数字乡村概念的提出，旨在充分利用信息与智能技术来改造和提升农业农村现代化质量，并实现农业生产的转型升级。例如，农业农村部公布了 2020 年十大引领性农业技术，其中一项就说明数字和智能化技术在当前农业现代化生产中的发展趋势：蔬菜规模化生产人机智能协作技术。该技术便是利用天空地立体化监测传感网络、传统农业大脑以及智能化农业作业集群来对蔬菜等农产品的规模化生产，进行全周期的人机智能化协作管理，从而提高蔬菜等农产品的生产效率、品质提升以及资源利用效率。故而，乡村创业应该抓住这一重要历史机遇期，在国家乡村振兴大战略背景下开展基于数字化、智能化的创业活动。

第四，各级地方政府要抓住国家乡村振兴的重要机遇期积极主动干事创业。在中共十九大精神指引下，我国乡村振兴战略已然提升为国家战略。农村的发展和振兴显然需要以农业科学技术为先导，以农村经济的进一步繁荣为依托，关键在于如何激活农民以及返乡农民群体的创业和创新激情，如何让这些群体能够在农村扎根、立业并真心实意地为农村谋发展，并心甘情愿地贡献自己的智慧和劳动，显然，地方政府的支持至关重要。政府在农村振兴战略中，将发挥不可替代的作用，政府需要从制度、环境、人才培养以及基础设施建设方面给予全方位的支持。

总而言之，创业是财富的源泉，也是幸福的源泉。乡村振兴关键在于吸引具有先进技术理念并具有创业精神的人才留乡、返乡，通过他们的乡村创业活动来带动与复兴乡村产业和经济，从而最终实现国家乡村振兴战略所擘画出的美景！

附件1 农业科技型小微企业半结构化访谈问卷

访谈农业科技型小微企业名称：

访谈地点：

访谈时间：

被访谈人姓名：

企业注册和登记时间（创立时间）：

1. 农业科技型小微企业的创始人来自？

A. 农村本地人　B. 返乡创业者　C. 来自外乡或来自城市中的创业者

2. 农业科技型小微企业创立的主要想法和动机是什么？创立的主要资金来源？

3. 农业科技型小微企业经营产品的主要销售途径是什么？（传统销售渠道、网络、顾客现场体验等）

4. 农业科技型小微企业在经营过程中遇到的主要困难是什么？

5. 农业科技型小微企业在经营中有没有相关政府部门的政策扶持？若没有，希望得到什么样的帮扶？

6. 农业科技型小微企业经营收入状况如何？在本地区是否产生了榜样示范作用？是否有其他乡亲创立相似的企业类型？

附件2 先前经验、知识溢出、产业集群式发展作用关系调查问卷

尊敬的女士、先生：

　　本次问卷调查获得 2016 年教育部人文社会科学研究青年基金项目："创业进入与退出策略选择及影响机理：基于新创科技型小微企业的研究"（项目编号：16YJC630165），2016 年度湖北省知识产权局知识产权强省建设推进项目"知识产权强省背景下区域知识产权运营体系构建"项目（项目编号：2016 - C - 01）等基金项目的支持。目的在于了解我省乡村创业企业在创生成长过程中所面临的主要问题和困境，就农业科技成果转化中遇到的瓶颈提出针对性的改革建议，也为政府相关部门提供政策制定参考。

　　贵企业及被访谈者可以根据自己所掌握的企业发展的实际问题谈一些看法，贵企业及您提供的所有信息将仅作为学术研究和政策参考之用，研究报告或论文将会第一时间反馈给贵公司或被访谈者。衷心感谢您的合作！

湖北小微企业发展研究中心

湖北工程学院经济与管理学院

课题负责人：张承龙

二〇一七年三月

一、基本信息部分：

1. 您的性别：

A. 男　　　　　　　　B. 女

2. 您的年龄：

A. 24～40 岁　　　B. 41～50 岁　　　C. 51～60 岁　　　D. 大于 60 岁

3. 您的学历：

A. 小学　　　　　B. 初中　　　　　C. 高中、中专　　　D. 专科

E. 本科　　　　　F. 其他

4. 您企业创办时间：_____年。

5. 您企业所属类型是什么？

A. 纯种植型　　　B. 纯养殖型　　　C. 种养结合型　　　D. 农产品加工型

E. 种养加休闲型　F. 农业 + 电商型　G. 其他

6. 您企业雇员数量：_____人。

7. 您如何评价自己个性（见附表1）。

附表1	自我评价					
项目	请针对下列表述，并根据您自己实际情况选择您同意的程度，数字越高表明越支持（单元格中打√）	1	2	3	4	5
风险承担力	为获得较高利润，本人能承担较高风险					
	若农业创业项目未来存在较高的投资回报，我愿意付出更多时间					
	面对不确定性环境时，本人往往保持沉着冷静不会自乱阵脚					
创新能力	对待新鲜事物本人有较强的接收能力也有较独特的解决问题的能力					
	能够积极采用新农业技术、新生产方法					
	在实际创业过程中能够创造性地提出可行的工作方案					
超前行动力	本人一般有较强的超前发现市场机会的能力					
	本人总是先人一步采取行动去抓住相关创业机会					

二、核心概念部分：先前经验（见附表2）。

附表2		先前经验					
项　目		请针对下列表述，并根据您自己实际情况选择您同意的程度，数字越高表明越支持（单元格中打√）	1	2	3	4	5
先前经验	农业产业工作经验	在相关产业中经历了较长时间工作经验的积累					
		在相关产业中参与度较高					
		先前产业中积累的经验对于当前创业帮助很大					
		经常同农业技术专业人员进行恒常性交流					
	创业经验	先前创业过程持续的时间较长并获得大量创业经验					
		先前创业经历较多挫折，经受了较强的竞争压力					
		在本次创业之前本人或和他人一起经历过多次创业					
		先前多次创业实践对本次创业有很好的指导意义					
	农技培训经验	先前曾参加过集中农技培训时间比较长					
		先前参加过高校或由政府组织的公益农技培训多次					
		先前参加的农技培训对当前的创业有较强的指导作用					

三、核心概念部分：知识溢出（见附表3）。

附表3　　　　　　　　　　　　　**知识溢出**

项　目		请针对下列表述，并根据您自己实际情况选择您同意的程度，数字越高表明越支持（单元格中打√）	1	2	3	4	5
知识溢出	知识受益	本企业所在地有一定数量科技小院等农技支持机构帮扶					
		本企业所在地新型创业主体每户接受农技咨询服务比例较高					
		本企业每年常会接受多次一对一咨询农技服务					
	知识分享	本企业主动向农技专家反映创业过程中的技术实践难题					
		本地区的技术性员工在本地工作流动性较强					
		本企业同其他乡村创业主体间有较强的技术互助和分享					

四、核心概念部分：产业集群式发展（见附表4）

附表4　　　　　　　　　　　　　**产业发展**

项目	请针对下列表述，并根据您自己实际情况选择您同意的程度，数字越高表明越支持（单元格中打√）	1	2	3	4	5
产业集群式发展（倾向）	本企业倾向于同更多同类企业合作，有较高的参与热情					
	本企业每年保持较高的同其他企业相互联系的频率					
	本企业倾向于在农业产业园区发展或在产业园区设有办公室					
	本企业与农业产业园区临近程度较高					

感谢您的合作！

参 考 文 献

[1] 安宁，王宏起. 创业者先前经验、学习模式与新技术企业绩效——基于初始条件视角的实证研究 [J]. 商业经济与管理，2011，1 (9)：34-42.

[2] 白瑶. 杨凌示范区农业科技成果转化模式研究 [D]. 西北农林科技大学硕士论文，2019.

[3] 陈文超，陈雯，江立华. 农民工返乡创业的影响因素分析 [J]. 中国人口科学，2014 (2)：96-105.

[4] [日] 村上直树. 中原平原农区回乡创业的现状——对周口市回乡创业者的问卷调查 [J]. 河南大学学报 (社会科学版)，2010，50 (1)：58-65.

[5] [美] 克莱顿·克里斯坦森. 创新者的窘境 [M]. 北京：中信出版社，2014.

[6] 常向阳，韩园园. 农业技术扩散动力及渠道运行对农业生产效率的影响研究——以河南省小麦种植区为例 [J]. 中国农村观察，2014 (4)：63-70.

[7] 陈文婷. 家族企业跨代际创业传承研究——基于资源观视角的考察 [J]. 东北财经大学学报，2012 (4)：3-9.

[8] 陈向明. 质的研究方法与社会科学研究 [M]. 北京：教育科学出版社，2000.

[9] 陈建安，陶雅，陈瑞. 创业承诺研究前沿探析与未来展望 [J]. 外国经济与管理，2014，36 (6)：24-31.

[10] 陈彪，蔡莉，陈琛，陈刚. 新企业创业学习方式研究——基于中国高技术企业的多案例分析 [J]. 科学学研究，2014，32 (3)：392-400.

[11] 程展. 国家知识产权局：小微企业凭知识产权可获贷款 [J]. 企业改革与管理，2014 (11)：146.

［12］邓俊淼等. 集体协作视角下农民创业组织化路径的建构——基于"合作组织 + 产业集群"创业模式探讨［J］. 南都学坛，2015，43（04）：102 - 106.

［13］杜海东. 创业团队经验异质性对进入战略创新的影响：创业学习的调节作用［J］. 科学学与科学技术管理，2014（1）：132 - 139.

［14］董君. 农业产业特征和农村社会特征视角下的农业技术扩散约束机制——对曼斯菲尔德技术扩散理论的思考［J］. 科技进步与对策，2012，29（10）：65 - 70.

［15］董静，赵策，苏小娜. 宗族网络与企业创新——农村创业者先前经验的协同与平衡［J］. 财经研究，2019，45（11）：140 - 152.

［16］费孝通. 江村经济［M］. 北京：北京大学出版社，2017.

［17］方世建，孙薇. 制度创业：经典模型回顾、理论综合与研究展望（续）［J］. 外国经济与管理，2012（9）：3 - 12.

［18］范晓波，钟灿涛. 高等学校专利技术转化模式与机制研究［J］. 知识产权，2014（11）：38 - 43.

［19］郭玉霞. 质性研究资料分析［M］. 台北：高等教育文化事业有限公司，2009：352 - 256.

［20］龚丽敏，江诗松，魏江. 试论商业模式构念的本质、研究方法及未来研究方向［J］外国经济与管理，2011，33（3）：1 - 10.

［21］国家统计局农村社会经济调查司编.2018 中国农村统计年鉴［M］. 北京：中国统计出版社，2019.

［22］贺雪峰. 大国之基：中国乡村振兴诸问题［M］. 北京：东方出版社，2020.

［23］贺雪峰. 最后一公里村庄［M］. 北京：中信出版社，2019.

［24］胡雯. 农民工返乡创业的现实困境及政策取向——基于制度变迁与博弈视角［J］. 内蒙古社会科学（汉文版），2014（2）：102 - 106.

［25］黄祖辉，徐旭初，蒋文华. 中国"三农"问题：分析框架、现实研判和解决思路［J］. 中国农村经济，2009（7）：4 - 11.

［26］黄胜，周劲波. 制度环境、国际市场进入模式与国际创业绩效［J］. 科研管理，2014，35（2）：54 - 61.

［27］华绪庚，董欣，陈梦琳，魏昱斌，郑少红. 基于 AHP - FCE 的农业科技成果转化效率评价分析——以福建省为例［J］. 云南农业大学学报（社

会科学版)，2019，13（1）：83 – 91.

［28］贾康. 供给侧改革：理论、实践与思考［M］. 北京：商务印书馆，2016.

［29］蒋剑勇，钱文荣，郭红东. 社会网络、先前经验与农民创业决策［J］. 农业技术经济，2014（2）：17 – 25.

［30］廖彩荣，陈美球. 乡村振兴战略的理论逻辑、科学内涵与实现路径［J］. 农林经济管理学报，2017，16（6）：795 – 780.

［31］刘刚. 新乡村工业化中的生产组织方式创新——兼论新产业区的起源和演进［J］. 南开学报（哲学社会科学版），2010，2010（2）：126 – 139.

［32］刘惠明，张雨溪. 现代农业发展战略下植物新品种的知识产权保护研究［J］. 江苏农业科学，2019，47（9）：342 – 346.

［33］龙冬平，李同昇，于正松. 农业技术扩散中的农户采用行为研究：国外进展与国内趋势［J］. 地域研究与开发，2014，33（5）：132 – 139.

［34］吕明瑜，王珏. 在华跨国农业生物技术公司垄断风险之防控：从豁免走向限制性豁免［J］. 河南师范大学学报（哲学社会科学版），2018，45（6）：36 – 44.

［35］厉以宁著，王大庆改编. 厉以宁讲欧洲经济史［M］. 北京：中国人民大学出版社，2016.

［36］刘灵辉，郑耀群. 家庭农场土地征收补偿问题研究［J］. 中国人口·资源与环境，2016，26（11）：76 – 82.

［37］刘忠强，王开义，谭华. 产业与地域视角的农业科技成果转化模式研究［J］. 中国农学通报，2011，27（4）：280 – 284.

［38］刘福英. 农村社会网络与农业技术扩散的关系研究［J］. 农业与技术，2017，37（18）：169 – 169.

［39］李晓敏. 制度质量、企业家才能配置与经济绩效［M］. 北京：社会科学文献出版社，2017.

［40］李春海，张文，彭牧青. 农业产业集群的研究现状及其导向：组织创新视角［J］. 中国农村经济，2011（3）：49 – 58.

［41］李同昇，罗雅丽. 农业科技园区的技术扩散［J］. 地理研究，2016，35（3）：419 – 430.

［42］李俊利. 我国资源节约型农业技术扩散问题研究［D］. 华中农业大学，2011.

[43] 李煜华，胡运权，孙凯．产业集群规模与集群效应的关联性分析 [J]．研究与发展管理，2007，19（2）：91-97.

[44] 李瑞娥，程瑜．发展经济学视角的西部开发：理论、现实与模式构建 [J]．西安交通大学学报（社会科学版），2013，33（5）.

[45] 李新春．企业家协调与企业集群——对珠江三角洲专业镇企业集群化成长的分析．南开管理评论，2002，5（3）：49-55.

[46] 李加鹏，吴蕊，杨德林．制度与创业研究的融合：历史回顾及未来方向探讨 [J]．管理世界，2020（5）：204-219.

[47] 林兰．技术扩散理论的研究与进展 [J]．经济地理，2010（8）：1233-1239.

[48] 罗明忠．个体特征、资源获取与农民创业——基于广东部分地区问卷调查数据的实证分析 [J]．中国农村观察，2012（2）：11-19.

[49] [美] 尼尔·斯梅尔瑟，理查德·斯威德伯格．经济社会学手册 [M]．2版．张永宏等译．北京：华夏出版社，2009，1：2-15.

[50] 屈晓娟，邵展翅，王彦飞．农业科技成果转化制约因素及转化模式分析 [J]．辽宁农业科学，2013（6）：33-36.

[51] 齐晓辉，李强．我国可持续农业技术创新动力机制问题研究——以新疆生产建设兵团为例 [J]．科技进步与对策，2011，28（10）：57-61.

[52] 任宇红．演化经济学视角下的中国农村土地制度变迁 [D]．山西大学硕士毕业论文，2014：1-6.

[53] 苏郁锋，吴能全，周翔．制度视角的创业过程模型——基于扎根理论的多案例研究．南开管理评论，2017，20（1）：181-192.

[54] 孙红霞，孙梁，李美青．农民创业研究前沿探析与我国转型时期研究框架构建 [J]．外国经济与管理，2010（6）：31-37.

[55] 孙秀丽，赵曙明，蒋春燕．制度支持、公司创业与企业绩效——不正当竞争与技术能力的调节作用 [J]．科技进步与对策，2016，33（11）：61-67.

[56] 孙晨．创业者先前经验、创业学习与新创企业绩效 [D]．安徽财经大学，2014.

[57] 盛亚．技术创新扩散与新产品营销 [M]．北京：中国发展出版社，2002：35-52.

[58] [美] 斯图尔特·瑞德等著．卓有成效的创业 [M]．新华都商学院

译．北京：北京师范大学出版社，2015.

[59] 陶欣，庄晋财．农民工群体特征对其返乡创业过程影响的实证研究——基于安徽省安庆市的调查数据 [J].农业技术经济，2012（6）：87－94.

[60] 宋立丰，杨主恩，鹿颖．弱合法性场域下制度创业与差异化竞争的最优区分——基于知识付费领域的多案例研究 [J].管理评论，2020，32（5）：323－338.

[61] 谭崇台．发展经济学的新发展 [M].武汉：武汉大学出版社，1999：85－110.

[62] 谭崇台，叶初升．在跨期比较中拓展发展经济学的研究 [J].社会科学研究，2005（1）：32－36.

[63] 田莉，龙丹．创业过程中先前经验的作用解析——最新研究成果评析 [C].第四届（2009）中国管理学年会——创业与中小企业管理分会场论文集，2009－11－14.

[64] 田莉，薛红志．创业团队先前经验、承诺与新技术企业初期绩效——一个交互效应模型及其启示．研究与发展管理，2009，21（4）：20－29.

[65] 王亚华，苏毅清．乡村振兴——中国农村发展新战略 [J].中央社会主义学院学报，2017（6）：49－55.

[66] 王铁军．新疆高校科技成果转化模式研究 [J].中国科技论坛，2010（1）：96－100.

[67] 王永贵，汪寿阳，吴照云等．深入贯彻落实习近平总书记在哲学社会科学工作座谈会上的重要讲话精神加快构建中国特色管理学体系 [J].管理世界，2021（6）：1－35.

[68] 王转弟，马红玉．创业环境、创业精神与农村女性创业绩效 [J].科学学研究．2020，38（5）：868－876.

[69] 王晓明．国际商法 [M].成都：西南财经大学出版社，2009：207－209.

[70] 万晓琼．区域经济学发展研究现状：以复印报刊资料统计数据为据（2014—2016）[J].区域经济评论，2018（1）：135－141.

[71] 吴汉东．中国知识产权法律变迁的基本面向 [J].中国社会科学，2018（8）：108－125.

[72] 韦吉飞，王建华，李录堂．农民创业行为影响因素研究——基于西

北五省区调查的实证分析 [J]. 财贸研究，2008 (5)：16 - 22.

[73] 韦吉飞，李录堂. 农民创业、分工演进与农村经济增长——基于中国农村统计数据的时间序列分析 [J]. 大连理工大学学报（社会科学版），2010 (4)：28 - 34.

[74] 肖华芳，包晓岚. 农民创业的信贷约束——基于湖北省930家农村微小企业的实证研究 [J]. 农业技术经济，2011 (2)：104 - 112.

[75] 项国鹏，迟考勋，王璐. 转型经济中民营企业制度创业技能对合法性获取的作用机制——春秋航空、宝鸡专汽及台州银行的案例研究 [J]. 科学学与科学技术管理，2011，32 (5)：71 - 78.

[76] 项国鹏，迟考勋，葛文霞. 国外制度创业理论研究现状及未来展望——基于SSC（I1988—2010）的文献计量分析 [J]. 科学学与科学技术管理，2012，33 (4)：105 - 113.

[77] 薛捷. 市场知识对科技型小微企业破坏性创新的影响. 科学学研究，2016，34 (4)：582 - 590.

[78] 薛庆林. 我国区域农业科技成果转化运行机制与模式研究 [D]. 天津大学，2009.

[79] 许爱萍，雷盯函. 科技创新与推广深度融合下的视角农业技术推广路径研究 [J]. 世界农业，2016 (8)：4 - 9.

[80] 徐丽华，王慧. 区域农业产业集群特征与形成机制研究——以山东省寿光市蔬菜产业集群为例 [J]. 农业经济问题，2014，35 (11)：26 - 32.

[81] 徐卫彬. 知识产权效应与经济增长的机制研究——跨越"中等收入陷阱"的新启示 [D]. 浙江工商大学，2017.

[82] 姚莉萍，朱红根. 基于农民视角的农民创业扶持政策评价 [J]. 新疆农垦经济，2016 (9)：23 - 29.

[83] 姚柱，罗瑾链等. 互联网嵌入、双元创业学习与农民创业绩效 [J]. 科学学研究，2020，38 (4)：685 - 695.

[84] 叶秀敏. 农村电子商务典型"沙集模式"十年发展经验总结 [J]. 互联网天地，2017，(2)：38 - 40.

[85] 喻晓马 程宇宁 喻卫东著. 互联网生态：重构商业规则 [M]. 北京：中国人民大学出版社，2016.

[86] 喻登科，彭静，刘彦宏等. 农业专利技术扩散的时空规律——以水稻抛秧技术为例 [J]. 情报杂志，2017，36 (12)：90 - 97.

［87］喻登科，彭静，涂国平等. 我国农业技术扩散环境的评价研究
［J］. 数学的实践与认识，2018，48（6）：43 -57.

［88］闫华飞，胡蓓. 产业集群生长中创业者的驱动作用研究——基于深
度访谈的探索性分析［J］. 软科学，2012，26（4）：91 -95.

［89］易朝辉，张承龙. 科技型小微企业绩效提升的跨层次传导机制——
基于大别山地区的多案例研究［J］. 南开管理评论，2018，21（4）：26 -
38.

［90］易朝辉，谢雨柔，张承龙. 创业拼凑与科技型小微企业创业绩效研
究：基于先前经验的视角［J］. 科研管理，2019，40（7）：235 -246.

［91］尹珏林，任兵. 组织场域的衰落、重现与制度创业：基于中国直销
行业的案例研究［J］. 管理世界，2009（S1）：13 -26.

［92］俞园园，梅强. 敌对性环境下组织合法性对创业绩效的影响——基
于产业集群的视角［J］. 企业经济，2015（9）：183 -188.

［93］杨俊，田莉，张玉利，等. 创新还是模仿：创业团队经验异质性与
冲突特征的角色［J］. 管理世界，2010（3）：84 -96.

［94］杨俊. 创业过程研究及其发展动态［J］. 外国经济与管理，2004，
26（9）：8 -12.

［95］杨建昌. 科技小院让中国农民实现增产增效［J］. 中国科学：生命
科学，2016，46（12）：1451 -1452.

［96］杨特，赵文红，李颖. 创业者经验宽度、深度对商业模式创新的影
响：创业警觉的调节作用［J］. 科学学与科学技术管理，2018，39（7）：
88 -104.

［97］叶敬忠. 农民发展创新中的社会网络［J］. 农业经济问题，2004
（9）：38 -44.

［98］杨俊，牛梦茜. 制度如何影响创业：一个跨层次的分析框架［J］.
管理学季刊，2019，4（2）：26 -33.

［99］张玉利，王晓文. 先前经验、学习风格与创业能力的实证研究. 管
理科学，2011，24（3）：1 -12.

［100］张永强，才正，张璐. 农业龙头企业对家庭农场知识溢出效应研
究——以黑龙江省为例［J］. 农业经济问题，2014，35（11）：10 -16.

［101］张铭，胡祖光. 组织分析中的制度创业研究述评［J］. 外国经济
与管理，2010，32（2）：16 -23.

［102］张秀娥，孙中博，韦韬．新生代农民工返乡创业意愿的经济学思考［J］．学习与探索，2013（12）：117 – 121.

［103］尤树洋，杜运周，张祎．制度创业的概念述评、量化分析与研究展望［J］．管理学报，2015，12（11）：1718 –1728.

［104］尤树洋，贾良定．制度创业中的社会认同及其情感机制：H镇产业集群的质性研究［J］．外国经济与管理，2018，40（9）：3 – 17.

［105］尹珏林，张玉利．制度创业的前沿研究与经典模型评介［J］．经济理论与经济管理，2009（9）：39 – 43.

［106］尹珏林，任兵．组织场域的衰落，重现与制度创业：基于中国直销行业的案例研究［J］．管理世界，2009（S1）：13 – 26.

［107］张斌，方健雯，朱学新．科技创新和技术转化的互动及其对经济发展的影响——基于超越对数模型的实证研究［J］．科技管理研究，2007，27（9）：109 –111.

［108］张旭，隋筱童．我国农村集体经济发展的理论逻辑、历史脉络与改革方向［J］．当代经济研究，2018（2）：26 – 36.

［109］赵浩兴，张巧文．内地农民工返乡创业与沿海地区外力推动：一个机制框架［J］．改革，2011（3）：60 – 68.

［110］赵正龙，陈忠，李莉．基于企业网络的创新扩散过程［J］．上海交通大学学报，2008，42（9）：1534 – 1540.

［111］朱红根，康兰媛．农民创业代际传递的理论与实证分析——来自江西35县（市）1716份样本证据．财贸研究，2014（4）：48 – 56.

［112］朱红根，解春艳．农民工返乡创业企业绩效的影响因素分析［J］．中国农村经济，2012（4）：36 – 46.

［113］邹国庆，魏钊．制度嵌入与制度创业中的企业家行为：宏观与微观的联系［J］．社会科学战线 2020（8）：63 – 71.

［114］朱承亮，雷家骕．中国创业研究70年：回顾与展望［J］．中国软科学，2020，349（1）：16 – 25.

［115］赵文红，孙万清．创业者先前知识对创业绩效的影响——基于创业学习的调节作用［J］．软科学，2015，29（3）：23 – 27.

［116］郑春华，黄和亮．基于产业集群的农业技术扩散系统研究［J］．福建论坛（人文社会科学版），2014（6）：23 – 26.

［117］曾亿武，陈永富，郭红东．先前经验、社会资本与农户电商采纳

行为［J］. 农业技术经济，2019（3）：38－48.

［118］Alvarez S A，Barney J B，Anderson P. Forming and Exploiting Opportunities：The Implications of Discovery and Creation Processes for Entrepreneurial and Organizational Research［J］. Organization Science，2013，24（24）：301－317.

［119］Alvarez S A，Young S L，Woolley J L. Opportunities and institutions：A co-creation story of the king crab industry［J］. Journal of Business Venturing，2015，30（1）：95－112.

［120］Ayobami O K，Bin Ismail H N. Host's Supports for Voluntourism：A Pragmatic Approach to Rural Revitalization［J］. Australian Journal of Basic & Applied Sciences，2013.

［121］Adams P，Fontana R，Malerba F. Bridging Knowledge Resources：The Location Choices of Spinouts. Strategic Entrepreneurship Journal，2017，11（2）：93－121.

［122］Aldrich H E，Fiol C M. Fools Rush in The Institutional Context of Industry Creation［J］. Academy of Management Review，1994，19（4）：645－670.

［123］Anderson P，Tushman M L. Technological Discontinuities and Dominant Designs：A Cyclical Model of Technological Change［J］. Administrative Science Quarterly，1990，35（4）：604－633.

［124］Barney J. The resource－based view of the rm：ten years after 1991［J］. Journal of Management，2001，27（6）：625－641.

［125］Brown D L，Schafft K A. Rural People and Communities in the 21st Century：Resilience and Transformation［M］. Cambridge，UK：Polity Press，2011：5－49.

［126］Baptista R，Karaöz M，Mendonça J. The impact of human capital on the early success of necessity versus opportunity－based entrepreneurs［J］. Small Business Economics，2014，42（4）：831－847.

［127］Bird B. Implementing Entrepreneurial Ideas：The Case for Intention［J］. Academy of Management Review，1988，13（3）：442－453.

［128］Brettell C. Widows in White：Migration and the Transformation of Rural Italian Women，Sicily，1880－1920，and：White on Arrival：Italians，Race，

Color, and Power in Chicago, 1890 – 1945 (review) [J]. journal of social history, 2005, 38 (3): 808 – 812.

[129] Brünjes, Diez J R. 'Recession push' and 'prosperity pull' entrepreneurship in a rural developing context [J]. Entrepreneurship & Regional Development, 2013, 25 (3 – 4): 251 – 271.

[130] Becattini G. "The Marshallian Industrial District: A Social-economic Notion", In F. Pyke et al: Industrial Districts and Inter-firm Co-operation Italy, International Institute for Labor Studies, Geneva, 1990.

[131] Battisti M, Deakins D, Perry M. The sustainability of small businesses in recessionary times: Evidence from the strategies of urban and rural small businesses in New Zealand [J]. International Journal of Entrepreneurial Behaviour & Research, 2013, 19 (1): 72 – 96.

[132] Baldwin J. et al. Failing Concerns: Business Bankruptcy in Canada [M]. Statistics Canada, Ministry of Industry, Ottawa, 1997.

[133] Box T M, White M A, Barr S H. A contingency model of new manufacturing firm performance [J]. Entrepreneurship Theory & Practice, 1993, 18 (2): 31 – 45.

[134] Bhuiyan. M. F & Ivlevs. A. Micro-entrepreneurship and Subjective Well-being: Evidence from Rural Bangladesh [J]. Journal of Business Venturing. 2019, 34 (4): 625 – 645.

[135] Bass F M. A New Product Growth Model for Consumer Durable [J]. Management Science, 1969 (15): 215 – 227.

[136] Bruyat C, Julien P. Defining the Field of Research in Entrepreneurship [J]. Journal of Business Venturing, 2001, 16 (2): 165 – 180.

[137] Busenitz LW, Gómez C, Spencer JW. Country institutional profiles: unlocking entrepreneurial phenomena. Academy of Management Journal, 2000, 43 (5): 994 – 1003.

[138] Branstetter L G, Foley R F F. Do Stronger Intellectual Property Rights Increase International Technology Transfer Empirical Evidence from U. S. Firm-Level Data [J]. Quarterly Journal of Economics, 2006, 121 (1): 321 – 349.

[139] Baumol W J. Entrepreneurship: Productive, unproductive and destructive [J]. Journal of Business Venturing, 1996, 11 (1): 3 – 22.

[140] Chambers R, Pacey A, Thrupp L A. Farmer First: Farmer Innovation & Agricultural Research [M]. London: Intermediate Technology Publications, 1989.

[141] Chun N, Watanabe M. Can Skill Diversification Improve Welfare in Rural Areas Evidence from the Rural Skills Development Project in Bhutan [J]. Journal of Development Effectiveness, 2011, 4 (2): 214 –234.

[142] Cavallo E, Ferrari E, Bollani L, et al. Attitudes and behaviours of adopters of technological innovations in agricultural tractors: A case study in Italian agricultural system [J]. Agricultural Systems, 2014, 130: 44 –54.

[143] Chaney P, Devinney T, Winer R. The impact of newproduct introductions on the market value of firms [J]. Journal of Business Research, 1991, 64 (4): 573 –610.

[144] Cabras I, Bosworth G. Embedded models of rural entrepreneurship: The case of pubs in Cumbria, North West of England [J]. Local Economy, 2014, 29 (6 –7): 598 –616.

[145] Cooper A C, Bruno A V. Success among high-technology firms [J]. Business Horizons, 1977, 20 (2): 16 –22.

[146] Cooper A C, Gimeno-Gascon F J, Woo C Y. Initial human and financial capital as predictors of new venture performance [J]. Journal of Business Venturing, 1994, 1 (5): 371 –395.

[147] Cooper A C. Challenges in predicting new firm performance [J]. Journal of Business Venturing, 1993, 8 (3): 241 –253.

[148] Caveney, Brian J. Born Entrepreneurs, Born Leaders:, How Your Genes Affect Your Work Life [J]. International Journal of Entrepreneurship & Innovation, 2011, 12 (1): 77.

[149] Clarysse B, Tartari V, Salter A.. The Impact of Entrepreneurial Capacity, Experience and Organizational Support on Academic Entrepreneurship [J]. Research Policy, 2011, 40 (8): 1084 – 1093.

[150] Chrisman J J, Bauerschmidt A, Hofer C W. The Determinants of New Venture Performance: An Extended Model [J]. Entrepreneurship Theory and Practice, 1998, 23. (1): 5 –29.

[151] Chen C J. Technology commercialization, incubator and venture capital, and new venture performance [J]. Journal of Business Research, 2009, 62

(1)：93 - 103.

[152] Cox, Charles and Jennings R. The foundations of success: the development and characteristics of British entrepreneurs and intrapreneurs [J]. Leadership, Organization Development Journal, 1995, 16 (7): 4 - 9.

[153] Chandler G N. 'Business similarity as a moderator of the relationship between pre-ownership experience and venture performance' [J]. Entrepreneurship Theory and Practice, 1996, 20 (3): 51 - 65.

[154] Caveney, Brian J. Born Entrepreneurs, Born Leaders [J]. Journal of Occupational & Environmental Medicine, 2011, 53 (3): 338 - 339.

[155] Cainelli G, Mancinelli S, Mazzanti M. Social capital and innovation dynamics in district - based local systems [J]. The Journal of Socio-Economics, 2007, 36 (6): 932 - 948.

[156] Cox C, Jennings R. The foundations of success [J]. Leadership & Organization Development Journal, 1995, 16 (7): 4 - 9.

[157] Chan D. Functional relations among constructs in the same content domain at different levels of analysis: A typology of composition models. [J]. Journal of Applied Psychology, 1998, 83 (2): 234 - 246.

[158] Covin J G and Slevin D P. A Conceptual Model of Entrepreneurship as Firm Behavior [J]. Entrepreneurship: Theory and Practice, 1991, 17 (4): 7 - 25.

[159] Chesbrough H. Business Model Innovation: It's not Just about Technology any more [J]. Strategy and Leadership, 2007, 35 (7): 12 - 17.

[160] Clercq D D, Danis W M, Dakhli M. The Moderating Effect of Institutional Context on the Relationship between Associational Activity and New Business Activity in Emerging Economies [J]. International Business Review, 2010, 19 (1): 85 - 101.

[161] Carland J W, Hoy F, Carland J. "Who is an Entrepreneur?" Is a Question Worth Asking [J]. American Journal of Small Business, 1988, 12 (4): 33 - 39.

[162] Deller S, Kures M, Conroy T. Rural entrepreneurship and migration [J]. Journal of Rural Studies, 2019, 66: 30 - 42.

[163] Danny Miller. The Correlates of Entrepreneurship in Three Types of

Firms ［J］. Management Science, 1983, 29 (7): 770 – 791.

［164］Demsetz H. Why Regulate Utilities? ［J］. The Journal of Law and E-conomics, 1968, 11 (1): 55 – 65.

［165］Douthwaite B, Keatinge J D H, Park J R. Learning selection: an ev-olutionary model for understanding, implementing and evaluating participatory tech-nology development ［J］. Agricultural Systems, 2002, 72 (2): 109 – 131.

［166］Delmar F, Shane S. Does experience matter? The effect of founding team experience on the survival and sales of newly founded ventures ［J］. Strategic Organization, 2006, 4 (3): 215 – 247.

［167］DiMaggio P J. Interest and agency in institutional theory. In: Zucker LG, editor. Institutional patterns and organizations ［C］. Cambridge, MA: Ball-inger; 1988: 3 – 22.

［168］Dias C S L, Rodrigues R G, Ferreira J J. What's new in the research on agricultural entrepreneurship? ［J］. Journal of Rural Studies, 2019, 65: 99 – 115.

［169］Dyke L S, Fischer E M, Reuber A R. An inter-industry examination of the impact of owner experience on firm performance ［J］. Journal of Small Busi-ness Management, 1992, 30 (4): 72 – 87.

［170］Desouza K C. Facilitating Tacit Knowledge Exchange. Communications of the ACM, 2003, 46 (6): 85 – 88.

［171］D'Angelo A, Presutti M. SMEs international growth: The moderating role of experience on entrepreneurial and learning orientations ［J］. International Business Review, 2019, 28 (3): 613 – 624.

［172］Deb, Palash, Wiklund, et al. The Effects of CEO Founder Status and Stock Ownership on Entrepreneurial Orientation in Small Firms ［J］. Journal of small business management, 2017, 55 (1): 32 – 55.

［173］Deng W, Liang Q Z, PH Fan. Complements or substitutes? Configura-tional effects of entrepreneurial activities and institutional frameworks on social well-being ［J］. Journal of Business Research, 2019, 96: 194 – 205.

［174］Erikson T. Entrepreneurial capital: the emerging venture's most impor-tant asset and competitive advantage ［J］. Journal of Business Venturing, 2002, 17 (3): 275 – 290.

［175］Eisenhardt K M. Building Theories from Cases Study Research ［J］. Academy of Management Journal, 1989, 40 (1): 532 - 550.

［176］Evenden L J. Innovation Diffusion as a Spatial Process. By Torsten Hgerstrand ［M］. Chicago: University of Chicago Press, 1967: 334.

［177］Freeman R E. Stakeholder Theory ［J］. Business Ethics Quarterly, 2009, 8 (3): 97 - 107.

［178］Fornahl D. Entrepreneurial Activities in a Regional Context, Fornahl. Dand T. Brenner (eds.): "Cooperation, Networks, and Institutions in Regional Innovations Systems" ［C］. Cheltenham: Edward Elgar, 2003: 38 - 57.

［179］Fligstein N. Social skill and institutional theory ［J］. The American Behavioral Scientist, 1997, 40 (4): 397 - 405.

［180］Frear Dean. Rural female entrepreneurs: a demographic survey in rural Pennsylvania ［J］ Journal of Business and Public Affairs, 2007, 2 (1): 1 - 8.

［181］Feldman M, Francis J, Bercovitz J. Creating a Cluster while Building a Firm: Entrepreneurs and the Formation of Industrial Clusters ［J］. Regional Studies, 2005, 39 (1): 129 - 141.

［182］Farja Y, Gimmon E, Greenberg Z. The developing in the developed: Rural SME growth in Israel ［J］. International Journal of Entrepreneurship and Innovation, 2017, 18 (1): 36 - 46.

［183］Garud R, Jain S, Kumaraswamy A. Institutional Entrepreneurship in the Sponsorship of Common Technological Standards: The Case of Sun Microsystems and Java ［J］. Academy of Management Journal, 2002, 45 (1): 196 - 214.

［184］Gladwin C H, Long B F, Babb E M, et al. Rural entrepreneurship: one key to rural revitalization ［J］. American Journal of Agricultural Economics, 1989, 71 (5): 1305 - 1314.

［185］Greenwood R, Suddaby R. Institutional Entrepreneurship In Mature Fields: The Big Five Accounting Firms ［J］. Academy of Management Journal, 2006, 49 (1): 27 - 48.

［186］Galloway L, Sanders J, Deakins D. Rural small firms' use of the internet: From global to local ［J］. Journal of Rural Studies, 2011, 27 (3): 254 - 262.

［187］Gertler, M S. Best practice Geography, Learning and the Institutional

Limits to Strong Convergence [J]. Journal of Economic Geography, 2001, 71 (1): 1 – 26.

[188] Gadde L E, Huemer L, Hakansson H. Strategizing in industrial networks [J]. Industrial Marketing Management, 2003, 32 (5): 357 – 364.

[189] García-Villaverde P M, Ruiz-Ortega, M J, Canales J I. Entrepreneurial Orientation and the Threat of Imitation: The Influence of Upstream and Downstream Capabilities [J]. European Management Journal, 2013, 31 (3): 263 – 277.

[190] Gartner W B. A Conceptual Framework for Describing the Phenomenon of New Venture Creation [J]. Academy of Management Review, 1985, 10 (4): 696 – 706.

[191] Gaston M E, Desjardins M. The Effect of Network Structure on Dynamic Team Formation in Multi-agent System [J]. Computational Intelligence, 2010, 24 (2): 122 – 157.

[192] Hoy FS. "Who Are the Rural Entrepreneurs?", in National Rural Entrepreneurship Symposium, B. W. Honadle and J. N. Reid and J. N. Reid, Eds. , Southern Rural Development Center [C]. Knoxville, TN, 1987: 7 – 10.

[193] Hassink J, Hulsink W, Grin J. Entrepreneurship in agriculture and healthcare: Different entry strategies of care farmers [J]. Journal of Rural Studies, 2016 (43): 27 – 39.

[194] Hayami Y. Conditions for the diffusion of agricultural technology: An Asian perspective [J]. The Journal of Economic History, 1974, 34 (1): 131 – 148.

[195] Hanool Choi, Sang-Hoon Kim, Jeho Lee. Role of network structure and network effects in diffusion of innovations [J]. Industrial Marketing Management, 2010 (39): 170 – 177.

[196] Henfridsson O. The liminality of trajectory shifts in institutional entrepreneurship [J]. Organization Science, 2014, 25 (3): 932 – 950.

[197] Johnson T G. Entrepreneurship and Development Finance: Keys to Rural Revitalization: Discussion [J]. American Journal of Agricultural Economics, 1989, 71 (5): 1324 – 1326.

[198] Jun H, Woo W, Kang H G. How to succeed in the presence of finan-

cial and technological gaps : From the perspective of governance innovation [J]. Carbon, 2013, 24 (4): 513 –514.

[199] Jun Yu, Joyce X. Zhou, Yagang Wang, and Youmin Xi et al. Rural Entrepreneurship in an Emerging Economy: Reading Institutional Perspectives from Entrepreneur Stories [J]. Journal of Small Business Management, 2013, 51 (2): 183 – 195.

[200] Kalantaridis C, Bika Z. In-migrant entrepreneurship in rural England: beyond local embeddedness [J]. Entrepreneurship & Regional Development, 2006, 18 (2): 109 – 131.

[201] Kawate T. Rural Revitalization and Reform of Rural Organizations in Contemporary Rural Japan [J]. Journal of Rural Problems, 2005, 40 (4): 393 – 402.

[202] Kovács J K, Zoltán E S. Rural Enterprise Hub Supporting Rural Entrepreneurship and Innovation—Case Studies from Hungary [J]. European Countryside, 2017, 9 (3): 473 – 485.

[203] Khedhaouria A, Olivier C, Torres G. Creativity, self-efficacy, and small – firm performance: the mediating role of entrepreneurial orientation [J]. Small Business Economics, 2015, 44: 485 – 504.

[204] Kennedy J, Drennan J. A review of the impact of education and prior experience on new venture performance [J]. International Journal of Entrepreneurship & Innovation, 2001, 2 (3): 153 – 169.

[205] Kathryn A Burnett, Mike Danson. Enterprise and entrepreneurship on islands and remote rural environments [J]. The International Journal of Entrepreneurship and Innovation, 2017, 18 (1): 25 – 35.

[206] Korsgaard S, Mueller S, Tanvig H W. Rural entrepreneurship or entrepreneurship in the rural – between place and space [J]. International Journal of Entrepreneurial Behaviour & Research, 2015, 21 (1): 5 – 26.

[207] Lumpkin G T, Dess G G. Clarifying the Entrepreneurial Orientation Construct and Linking it to Performance [J]. Academy of Management Review, 1996, 21 (1): 135 – 172.

[208] Lang R, Fink M, Kibler E. Understanding place-based entrepreneurship in rural Central Europe: A comparative institutional analysis [J]. Internation-

al Small Business Journal, 2014, 32 (2): 204 – 227.

[209] Lawrence T B, Suddaby R. Institutions and institutional work [M] Sage Handbook of Organization Studies. 2006: 215 – 254.

[210] Li J, Matlay H. Chinese entrepreneurship and small business development: an overview and research agenda [J]. Journal of Small Business and Enterprise Development, 2006, 13 (2): 248 – 262.

[211] LiD D, Feng J X, Jiang H P. Institutional Entrepreneurs [J]. American Economic Review, 2006, 96 (2): 358 – 362.

[212] Labarthe, Pierre, Caggiano, et al. How does commercialisation impact on the provision of farm advisory services? Evidence from Belgium, Italy, Ireland and the UK [J]. Land Use Policy, 2016 (52): 329 – 344.

[213] Leung D Y C, Yin X L, Wu C Z. A review on the development and commercialization of biomass gasification technologies in China [J]. Renewable and Sustainable Energy Reviews, 2004, 8 (6): 565 – 580.

[214] Linton M J, Dieppe P, Medina-Lara A. Review of 99 self-report measures for assessing well-being in adults: Exploring dimensions of well-being and developments over time [J]. BMJ Open, 2016, 6 (7): e010641.

[215] Mierostawska A. Local Entrepreneurship Windows in the Development of the Eastern Polands's Rural Areas [J]. Economics & Sociology, 2009, 2 (1): 198 – 205.

[216] Minniti M. The Role of Government Policy on Entrepreneurial Activity: Productive, Unproductive, or Destructive? [J]. Entrepreneurship Theory and Practice, 2008, 32 (5): 779 – 790.

[217] Mccann B T, Folta T B. Entrepreneurial entry thresholds [J]. Journal of Economic Behavior & Organization, 2012, 84 (3): 782 – 800.

[218] Maryann Feldman, Johanna Francis, Janet Bercovitz. Creating a Cluster While Building a Firm: Entrepreneurs and the Formation of Industrial Clusters [J]. Regional Studies, 2005, 39 (1): 129 – 141.

[219] Maguire S, Hardy C, Lawrence T B. Institutional Entrepreneurship in Emerging Fields: HIV/AIDS Treatment Advocacy in Canada [J]. Academy of Management Journal, 2004, 47 (5): 657 – 679.

[220] Murphy G B, Trailer J W, Hill R C. Measuring performance in entre-

preneurship research ［J］. Journal of Business Research, 1996, 36（1）: 15 – 23.

［221］Markman G D, Gianiodis P T, Phan P H, et al. Innovation speed: Transferring university technology to market ［J］. Research Policy, 2005, 34 （7）: 1058 – 1075.

［222］Moore, G. A. Crossing the Chasm: Marketing and Selling Technology Products to Mainstream Customers ［M］. Oxford: Capstone Publishing, 1991: 25 – 50.

［223］Moore C, Newman M. Epidemics and percolation in small-world networks ［J］. Physical Review E Statal Physics Plasmas Fluids & Related Interdiplinary Topics, 2000, 61（5 Pt B）: 5678.

［224］McDougall P P, Oviatt B M and Shrader R C. A comparison of international and domestic new ventures ［J］. International Journal of Entrepreneurship, 2003, 1（1）: 59 – 82.

［225］Mitchell J R, Hart T A, Valcea S, Townsend D M. Becoming the boss: discretion and postsuccession success in family firms ［J］. Entrepreneurship Theory and Practice, 2009, 33（6）: 1201 – 1218.

［226］Mitchell R K, Smith B, Seawright K W, et al. Cross-Cultural Cognitions and the Venture Creation Decision ［J］. Academy of Management Journal, 2000, 43（5）: 974 – 993.

［227］Mäkelä M M, Maula M V J. Interorganizational commitment in syndicated cross-border venture capital investments ［J］. Entrepreneurship Theory and Practice, 2006, 30（2）: 273 – 298.

［228］Meyer J P, Herscovitch L. Commitment in the workplace: Toward a general model ［J］. Human Resource Management Review, 2001, 11（3）: 299 – 326.

［229］Malmberg A, Maskell P. The elusive concept of localization economies: towards a knowledge-based theory of spatial clustering ［J］. Environment and Planning. 2002, 34（3）: 429 – 449.

［230］Mckeever E, Jack S, Anderson A. Embedded entrepreneurship in the creative re-construction of place ［J］. Journal of Business Venturing, 2015, 30 （1）: 50 – 65.

［231］Munshi K. Social learning in a heterogeneous population: technology diffusion in the Indian Green Revolution [J]. Journal of Development Economics, 2004, 73 (1): 185 – 213.

[232] Nelson R R, Winter S G. An Evolutionary Theory of Economic Change [M]. Cambridge: Harvard University Press, 1982: 10 – 32.

[233] Nonaka A, Ono H. Revitalization of Rural Economies though the Restructuring the Self-sufficient Realm: Growth in Small-scale Rapeseed Production in Japan [J]. Japan Agricultural Research Quarterly, 2015, 49 (4): 383 – 390.

[234] Nicolaou N, Shane S, Cherkas L, Hunkin J, Spector T D. Is the tendency to engage in entrepreneurship genetic? [J]. Management Science, 2008, 54 (1), 167 – 179.

[235] Nastase C, Lucaci A. Rural Entrepreneurship in the Nordic Countries [J]. The USV Annals of Economics and Public Administration, 2018, 18 (2): 7 – 17.

[236] Omrane A, Fayolle A. Entrepreneurial Competencies and Entrepreneurial Process: A Dynamic Approach [J]. International Journal of Business and Gobalisation, 2011, 6 (2): 136 – 153.

[237] Osiyevskyy O, Dewald J. Explorative Versus Exploitative Business Model Change: The Cognitive Antecedents of Firm-Level Responses to Disruptive Innovation [J]. Strategic Entrepreneurship Journal, 2015, 9 (1): 58 – 78.

[238] Ostergard R. The measurement of intellectual property rights protection [J]. Journal of International Business Studyies, 2000, 31 (2): 349 – 360.

[239] Pindado E, Sánchez M. Researching the entrepreneurial behaviour of new and existing ventures in European agriculture [J]. Small Business Economics, 2017, 49 (2): 421 – 444.

[240] Pato M L, Teixeira A. Twenty Years of Rural Entrepreneurship: A Bibliometric Survey [J]. Sociologia Ruralis, 2016 (3): 28.

[241] Prager K, Labarthe P, Caggiano M, et al. How does commercialisation impact on the provision of farm advisory services? Evidence from Belgium, Italy, Ireland and the UK [J]. Land Use Policy, 2016, 52: 329 – 344.

[242] Perroux F. Economic space: theory and applications [J]. The Quarterly Journal of Economics, 1950, 64 (1): 89 – 104.

［243］Piore M and Sabel C. The Second Industrial Divide：Possibilities for Prosperity ［M］. New York：Basic Books，1984：12 –45.

［244］Perkmann M，Spicer A. Healing the scars of history：Projects，skills and field strategies in institutional entrepreneurship ［J］. Organization Studies，2007，28（7）：1101 –1122.

［245］Porter M E. Clusters and the new economics of competition ［J］. Harvard Business Review，1998，（11）：77 –90.

［246］Paarl Berg R L. Governing the GM crop revolution：policy choices for developing countries ［J］. Food Agriculture & the Environment Discussion Paper Washington D. C Ifpri，2000，5（2）：12 –15.

［247］Pellegrino J M，Mcnaughton R B. Beyond learning by experience：The use of alternative learning processes by incrementally and rapidly internationalizing SMEs ［J］. International Business Review，2017，26（4）：614 –627.

［248］P. Antràs. Grossman-Hart（1986）Goes Global：Incomplete Contracts，Property Rights，and the International Organization of Production ［J］. CEPR Discussion Papers，2011，30（11）：25 –32.

［249］Pryor C，Webb J W，Ireland R D，et al. Toward An Integration of the Behavioral and Cognitive Influences on the Entrepreneurship Process ［J］. Strategic Entrepreneurship Journal，2016，10（1）：21 –42.

［250］Qaim M. Agricultural biotechnology adoption in developing countries ［J］. American Journal of Agricultural Economics，2005，87（5）：1317 –1324.

［251］Reuber A R and E Fischer. "Understanding the Consequences of Founders' Experience" ［J］. Journal of Small Business Management，1999，37（2）：30 –45.

［252］Rogers E M. Diffusion of Innovations ［M］. New York：Free Press，2003：10 –50.

［253］Runck B C，Kantar M B，Jordan N R，et al. The reflective plant breeding paradigm：A robust system of germplasm development to support strategic diversification of agroeco systems ［J］. Crop Science，2014，54（5）：1939 –1948.

［254］Ryff. CD. Entrepreneurship and eudaimonic well – being：Five venues for new science ［J］. Journal of Business Venturing，2019，34（4）：646 –663.

[255] Sarasvathy S D. Causation and Effectuation: Toward a Theoretical Shift from Economic Inevitability to Entrepreneurial Contingency [J]. Academy of Management Review, 2001, 26 (2): 243 –263.

[256] Sutter C, Bruton G D, Chen J. Entrepreneurship as a solution to extreme poverty: A review and future research directions [J]. Journal of Business Venturing, 2019, 34 (1): 197 –214.

[257] Steiner A, Atterton J. The contribution of rural businesses to community resilience [J]. Local Economy, 2014, 29 (3): 228 –244.

[258] Shane S and Venkataraman S. The promise of entrepreneurship as a field of research [J]. Academy of Management Review, 2000, 25 (1): 217 – 226.

[259] Shane S, Born Entrepreneurs. In: Born Leaders: How Our Genes Affect Our Work Life [M]. Oxford University Press, USA. 2010.

[260] Shane S. Prior knowledge and the discovery of entrepreneurial opportunities [J]. Organization Science, 2000, 11 (4): 448 –469.

[261] Shane, S. A. A general theory of entrepreneurship: the individual-opportunity nexus [J]. General Information, 2004, 12 (3): 353 –374.

[262] Spicer D P, Sadler-Smith E. Organizational learning in smaller manufacturing firms [J]. International Small Business Journal, 2006, 24 (2): 133 – 158.

[263] Saxenian A. Regional Advantage: Culture and Competition in Silicon Valley and Route 128 [M]. Cambridge, MA: Harvard University Press, 1994: 1 –35.

[264] Shepherd D A. Learning from Business Failure: Propositions of Grief Recovery for the Self-Employed [J]. Academy of Management Review, 2003, 28 (2): 318 –328.

[265] Schultz T W. Transforming traditional agriculture [M]. New Haven: Yale University Press, 1964: 56 –80.

[266] Shaikh N I, Rangaswamy A, Balakrishnan A. Modeling the diffusion of innovations using small-word networks [R]. Kiel: University of Kiel, 2005.

[267] Seo M G, Creed W E D. Institutional Contradictions, Praxis, and Institutional Change: A Dialectical Perspective [J]. Academy of Management Re-

view, 2002, 27 (2): 222 –247.

[268] Scott W R.. Institutions and Organizations (2nd edition) [M]. California: Sage, Thousand Oaks, 2001: 13 –29.

[269] Schiuma G. An integration of theoretical knowledge, day by day experience and multicriteria methods to support the entrepreneurial learning process [J]. Measuring Business Excellence, 2016, 20 (1): 12 –20.

[270] Sandberg W R, Hofer C W. Improving new venture performance: The role of strategy, industry structure, and the entrepreneur [J]. Journal of Business Venturing, 1987, 2 (1): 5 –28.

[271] Smith J B, Mitchell J R, Mitchell R K. Entrepreneurial scripts and the new transaction commitment mindset: Extending the expert information processing theory approach to entrepreneurial cognition research [J]. Entrepreneurship Theory and Practice, 2009, 33 (4): 815 –844.

[272] Sahlman W A. Some Thoughts on Business Plans [M]. Harvard Business School Publication, 1996: 20 –40.

[273] Smith J B, Mitchell J R, Mitchell R K. Entrepreneurial Scripts and the New Transaction Commitment Mindset: Extending the Expert Information Processing Theory Approach to Entrepreneurial Cognition Research [J]. Entrepreneurship Theory and Practice, 2009, 33 (4): 815 –844.

[274] Staniewski M W. The contribution of business experience and knowledge to successful entrepreneurship [J]. Journal of Business Research, 2016, 69 (11): 5147 –5152.

[275] Stathopoulou S, Psaltopoulos D, Skuras D. Rural Entrepreneurship in Europe: A Research Framework and Agenda [J]. International Journal of Entrepreneurial Behaviour & Research, 2004, 10 (6): 404 –425.

[276] Timmons J A, Spinelli S. New Venture Creation: Entrepreneurship for the 21st Century [M]. New York: McGraw-Hill, 1999: 1 –38.

[277] Torimiro D O, Dionco-Adetayo E A. Children involvement in entrepreneurship in rural communities: an attitudinal analysis [J]. Technovation, 2005, 25 (6): 683 –689.

[278] Toft-Kehler R V, Wennberg K, Kim P H. A little Bit of Knowledge Is a Dangerous Thing: Entrepreneurial Experience and New Venture Disengagement

[J]. Journal of Business Venturing Insights, 2016 (6): 36 –46.

[279] Todtling F, and Kaufmann A. How effective is innovation support for SMEs? An analysis of the region of Upper Austria [J]. Technovation, 2002, 22 (3): 147 –159.

[280] TAN J. Growth of industry clusters and innovation: Lessons from Beijing Zhongguancun Science Park [J]. Journal of Business Venturing, 2006, 21 (6): 827 –850.

[281] Thiess D, Sieger P, and Grichnik D. Human Capital and New Venture Performance: the Moderating Role of Social Relations [J]. Journal of Academy of Management (ACAD MANAFE PROC), 2016, 1: 16010.

[282] Ucbasaran D, Westhead P, Wright M. Habitual Entrepreneurs [M]. Edward Elgar, Aldershot, 2006.

[283] Urbano D, Aparicios, Andretsch. Twenty-five years of research on insrutions, entrepre-neurship, and economic growth: What has been learned? [J]. Small Business Economics, 2019, 53 (1): 21 –49.

[284] Van Beek P G H. Beyond Technology Transfer? [J]. European Journal of Agricultural Education & Extension, 1997, 4 (3): 183 –192.

[285] Vachadze G. Land market liberalization, transfer of agricultural technology, and the process of industrialization [J]. Land use policy, 2013, 35: 388 –394.

[286] Wortman M S. Rural entrepreneurship research: An integration into the entrepreneurship field [J]. Agribusiness, 1990, 6 (4): 329.

[287] Wright A L, Zammuto R F. Creating opportunities for institutional entrepreneurship: The Colonel and the Cup in English County Cricket [J]. Journal of Business Venturing, 2013, 28 (1): 51 –68.

[288] Wiklund J, Shepherd D A. Portfolio Entrepreneurship: Habitual and Novice Founders, New Entry, and Mode of Organizing [J]. Entrepreneurship Theory and Practice, 2008, 32 (4): 701 –725.

[289] Wennberg K, Wiklund J, DeTienne D R, Cardon M S. Reconceptualizing entrepreneurial exit: divergent exit routes and their drivers [J]. Journal of Business Venturing, 2010, 25 (4): 361 –375.

[290] Williamson J. G. Regional Inequality and the Process of National Devel-

opment： A Description of the Patterns ［J］． Economic Development and Cultural Change， 1965， 13 （4）： 1 – 84.

［291］ Westhead P， Wright M． Novice， portfolio， and serial founders： are they different? ［J］． Journal of Business Venturing. 1998， 13 （3）， 173 – 204.

［292］ Wasilczuk J． Advantageous Competence of Owner/Managers to Grow the Firm in Poland： Empirical Evidence ［J］． Journal of Small Business Management， 2000， 38 （2）： 88 – 94.

［293］ Waldron T L， Fisher G， Navis C． Institutional entrepreneurs' social mobility in organizational fields ［J］． Journal of Business Venturing， 2015， 30 （1）： 131 – 149.

［294］ Welter F， Smallbone， D． Institutional perspectives on entrepreneurial behavior in challenging environments ［J］． Journal of Small Business Management， 2011， 42 （1）： 35 – 50.

［295］ Woo S， Pilseong， et al． Effects of intellectual property rights and patented knowledge in innovation and industry value added： A multinational empirical analysis of different industries ［J］． Technovation， 2015， 3 （1）： 1 – 15.

［296］ Yin R K． Case study research： design and methods ［M］． California： Sage Publications， 2003.

［297］ Yujiro H． Conditions for the Diffusion of Agricultural Technology： An Asian Perspective ［J］． Journal of Economic History， 1974， 34 （1）： 131 – 148.

［298］ Yu J， Zhou X J， Wang Y， and Xi Y M． Rural entrepreneurship in an emerging economy： reading institutional perspectives from entrepreneur stories ［J］． Journal of Small Business Management， 2013， 51 （2）： 183 – 195.

［299］ Zhou L， Wu A． Earliness of internationalization and performance outcomes： Exploring the moderating effects of venture age and international commitment ［J］． Journal of World Business， 2014， 49 （1）： 132 – 142.

［300］ Zott C， Amit R， & Massa L． The business model： Recent developments and future research ［J］． Journal of Management， 2011， 37 （4）： 1019 – 1042.

［301］ Zott C， Amit R． Business Model Design and the Performance of Entrepreneurial Firms ［J］． Organization science， 2007， 18 （2）： 181 – 199.

后　记

　　本书是在湖北省社科基金一般项目（后期资助项目）"乡村创业助推乡村振兴：基于农业科技转化与扩散视角"（项目编号：2020066）申报项目原稿基础上修改后完成的。实际上，本书的写作从 2017 年开始，期间经过二手数据整理、问卷数据收集以及实地访谈文本资料扎根分析，2020 年形成初稿并成功申请到省社科后期资助项目，2021 年修改最终成稿并选择经济科学出版社出版，已有 4 年的光景了。成书的过程，也是笔者在教学和科研上不断弥补不足与短板的宝贵历程，故而倍感珍惜。

　　自从博士毕业进入高校工作以来，笔者一直在思考和摸索个人研究的主攻方向和领域，也曾有过彷徨和迷茫。如何在科研中准确找到自己的定位和旨趣，这可能是每一位科研人最富挑战的一件事情。一次偶然的机会，笔者参与学院同事的一次乡村电子商务发展现状的实地访谈和调研活动，受访者的创业经历和成长故事令笔者深受感动与启发，并激发笔者下定决心开展接地气的研究议题：小微企业成长研究、乡村创业等。自此，这一相关领域成为近 7 年来笔者一直坚持和深入研究的方向。正如浙江大学管理学院院长魏江教授在预测未来商学院的发展道路时曾指出的那样，中国情境下管理研究应当抓住中国管理范式转变的关键期，为世界贡献中国的管理理论与智慧。而中国的管理研究更强调家国情怀、集体主义以及社会责任感，显然，建构具有中国本土特色的管理理论、乡村创业理论则是我们这一代学人应当具有的使命和责任担当！

　　近年来，中央和政府所提出的"乡村振兴"战略，以及习近平总书记对科研人提出的"三个面向"要求：面向世界科技前沿、面向我国重大战略需求以及面向经济社会发展主战场等，为致力于开展我国乡村发展相关研究议题提供了前所未有的战略机遇。显然，开展与乡村振兴主题相关的研究能够获得一些具有政策启示意义的研究成果，也能够服务于地方经济的发展。在开展与乡村创业有关的研究课题过程中，笔者通过与湖北省省内相关涉农企业经营者的沟通和交流，逐渐认识和理解到在乡村地区开展创新与创业实践会面临诸多困难与挑战。针对这些企业主在生产经营过程中的困惑，笔者尝试利用学校平台同企业建立产学研合作关系或获得横向科研合作项目，以此为地方相关涉农企业纾困解难，在利用自身专业知识使得企业获得真正意义上的帮助时，我们便收获了深厚的校企友谊。同时，利用横向合作项目带领相关专业学生深入企业实践一线，让大学生们获得了许多与农业经营相关的产业知识；作为一名大学老师，笔者也从实际的研究工作中收获了职业幸福感。

当然，能开展本项目的研究和本书的写作，离不开学院领导胡金林书记、张辉院长、湖北小微企业发展研究中心常务副主任鲁德银教授以及校科技处王锋教授给予的帮助和指导。感谢2016年度湖北省知识产权局知识产权强省建设推进项目"知识产权强省背景下区域知识产权运营体系构建"项目（2016-C-01）数据以及湖北省高校人文社科重点研究基地——湖北小微企业发展研究中心给予笔者开展与本书研究主题相近的调查研究项目立项支持："返乡农民创业者特征、动机及影响因素研究：基于湖北省的调研样本"（18d01）、湖北省小微企业基础数据库建设与金融支持专项调研（19d01）。这些研究项目为本书前期数据的获取提供了资金以及研究团队的支持，在此一并表示感谢。

张承龙

2021年8月